【事例で学ぶ】

成功するDMの極意

SECRETS OF SUCCESSFUL DIRECT MAIL

全日本DM大賞年鑑2023

はじめに

DMという広告媒体の
本当のすばらしさを
伝えていきたい

「全日本DM大賞」は、過去一年間に企業から実際に発送された
ダイレクトメール（DM）を全国から募り、優れた作品を表彰する賞です。

マス広告と違い、受け取った人にしかわからない、いわゆる「閉じた」メディアであるDMは、
具体的な事例が手に入りづらく、なかなかその効果や特性を知る機会がありません。
それと同時に、非常に緻密な戦略に基づいて制作されたDMが、
ほとんど評価されることなく埋もれてしまっているのも事実です。

「全日本DM大賞」は、DMの入賞および入選作品を通じ、
広告メディアとしてのDMの役割や効果を広く紹介するとともに、
その企画制作に携わった優秀なクリエイターたちに評価の場を提供したいとの想いから、
1987年から毎年実施し、今年で37回目を迎えたものです。
今回の入賞作品も、綿密な戦略に基づき制作され、
かつ優れたレスポンス結果を残している成功事例ばかりです。

本書は2009年から続けて15回目の出版となります。
顧客コミュニケーションの設計にかかわる読者の皆さまにとって
何らかのヒントになれば幸いです。

最後に取材・制作にご協力いただきました各広告主・制作者さま、審査委員の皆さま、
示唆に富むコメントをくださった識者の皆さま、
全日本DM大賞にご応募くださったすべての皆さまに、心から感謝申し上げます。

令和5年4月　日本郵便株式会社

【事例で学ぶ】成功するDMの極意 全日本DM大賞年鑑2023
CONTENTS

第 3 部

85 ヒト・モノが動く！ 効果の上がるDMの秘訣

第37回全日本DM大賞 概要

募集期間　2022年9月1日から10月31日（当日消印有効）まで

募集作品　2021年4月1日から2022年9月30日までに制作され、
　　　　　実際にDMとして発送されたもの

応募資格　DMの広告主（差出人／スポンサー）、DMの制作者（広告会社、制作プロダクション、印刷会社など）

応募総数　712点

審査過程

応募712点

一次審査通過（95点）

2022年11月
応募フォーム記載情報による審査

二次審査通過（47点）

2022年11月
12人の二次審査委員によるスコアリング

最終審査

2022年12月
10人の最終審査委員による
スコアリング、協議および投票

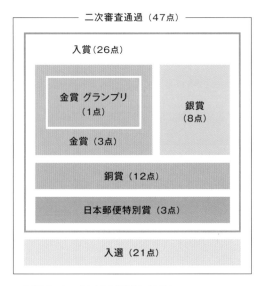

※ 入賞作品の中から「審査委員特別賞」3点を選定した。

■ スコアリング方法

応募されたDM、および応募フォーム記載情報に基づき、「戦略性」「クリエイティブ」「実施効果」の3項目について、各審査委員が5段階で評価。

■「日本郵便特別賞」について

「戦略性」「クリエイティブ」「実施効果」の3軸の総合点では評価しつくせない、キラリと光る尖った要素を持つ作品を選出した。

■ 入賞作品の決定

最終審査の総得点順に1位から3位を金賞、4位から11位を銀賞、12位から23位を銅賞とした。金賞3作品の中から、協議と投票によりグランプリを選出。また、グランプリを除く銅賞以上の作品の中で、各項目別の得点に基づく上位作品から協議と投票により、「審査委員特別賞」（データドリブン部門、クリエイティブ部門、実施効果部門それぞれ1作品）を選出した。

DMの持つ
「人を動かす力」を
解き明かす

応募作品に見る
「人を動かす」DMのポイント

いま「人を動かす」DMとは、どのような要素を持ったものなのでしょうか?
ここでは、審査会での議論も踏まえながら、
本年度の入賞・入選作品に共通する7つのポイントを紹介します。

freee

ポーラ

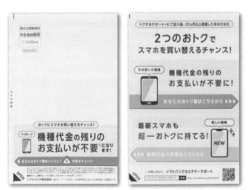

ソフトバンク

ネクスウェイ

ポイント①顧客理解の深さがカギに
ターゲットの心理に寄り添った企画開発

　本大賞の審査の3本柱の1つでもある「戦略性」。本年度は、顧客分析やヒアリングによって顧客を深く理解し、そこから生まれた戦略で受け取り手の気持ちに寄り添うクリエイティブを開発したDMが高く評価されました。

　筆頭に挙げられるのが、金賞 グランプリを受賞したfreeeのDM(P20)。送付する内容・タイミングともにターゲットである上場企業の経理部の業務を理解し、気持ちに寄り添ったものになっています。ターゲットへのヒアリングで、決算月の3カ月後というDM送付に最適なタイミングを発見したことが企画の起点になりました。

　銅賞を受賞したポーラのDM(P52)は、顧客調査とお客様をよく知る店頭販売員へのヒアリングを実施し、DMの発送タイミングやクリエイティブを改善。顧客のロイヤル化に成功しています。銀賞を受賞したソフトバンクのDM(P44)でも顧客の視点から送付タイミングを見直し、社内外のシステムとの調整を行うことで、結果を出しています。DMの発送タイミングが、コンテンツと匹敵する重要性を持っていることがわかります。

　また、自治体のふるさと納税関係者をターゲットにした銅賞のネクスウェイのDM(P53)では、これまでの自治体関係者との打ち合わせを通じて、自治体ならではの異動周期や複数部署にまたがる意思決定プロセスを把握し、クリエイティブに活かしたことで結果につながりました。

　ターゲットの業務や行動をいかに的確に把握し、その心理やインサイトを深く理解し寄り添った内容にできるか。BtoB・BtoCいずれのDMにおいても、結果を左右する最大のポイントになっていたと言えます。

ポイント②丁寧なシナリオ設計で行動を引き出す
前後の体験設計でストーリーを創出

　顧客の心理を理解するだけでなく、実際の行動を引き出すための丁寧なシナリオ設計・ストーリー設計も高く評価されました。金賞を受賞した常磐興産(スパリゾートハワイアンズ)のDM(P24)は、旅行前・旅行中・旅行後にわたって家族で楽しめるDMとして企画されています。

BtoBのシナリオ設計でユニークだったのは、入選のリクルートのDM（P74）。人事部長に宛てたDMの中に、現場担当にも情報共有をしてほしいと部下への指示を案内し、同内容のノベルティノートを共有用も含めて2冊同封するアイデアで、レスポンスの獲得に繋げました。

体験型のコンテンツ開発で行動を引き出した例として、銅賞のクレディセゾンのDM（P50）もあります。すごろく型のボードゲームを同封することで、ゴールドカードのある生活を楽しく理解してもらい、DMの世界観を踏襲したサイトに誘導し、申し込みまでの導線を作り込んで成果を上げています。体験型のコンテンツは保存率が高いことも多く、反響や効果が長期にわたるというメリットもあります。

ポイント③会えないからこその創意工夫
営業担当者のように機能するBtoB向けDM

顧客に直接対面で会うことが叶わなかった約3年間のコロナ禍において、電話営業や訪問営業がそれまで担っていた機能をDMに担わせようと、さまざまな創意工夫が生まれました。応募作品においても、BtoBのDMが質量ともに広がりを見せています。

銀賞の三口産業（ミアンビューティ）のDM（P42）は、"できる営業担当者のように振る舞うDM"として開発されました。利用実績がある美容院にDMを送付し、サイトにアクセスのあった美容院を見込み顧客として可視化。そこに営業担当者が訪問する営業フローを確立することで、効率のいい営業活動が展開できるようになったといいます。日本郵便特別賞のディーエムエスのDM（P63）は、BtoBだからこそ親しみやすくわかりやすくサービスを伝えることにこだわり制作されました。

BtoBでは、DMからウェビナーに誘導するような営業手法も応募作品に幅広く見られ、定着した感があります。クリエイティブだけでなく、顧客リストとの連動方法、営業フローへの組み込み方など、営業活動を効率化させるDMのあり方は、今後も工夫が重ねられていくでしょう。

ポイント④思わず「開けたくなる」心理の追求
開封率を上げるさまざまな工夫

応募作品には、受け取り手を驚かせ、興味を喚起し、思わず開けさせてしまうさまざまな工夫が見られました。「クリエイティブ」のまさに独壇場となる部分と言えます。

前述のfreeeやディーエムエスのDMなど、「箱型」の形状にすることで意表を突き、期待を抱かせるのは、確実に効果を出すための定番の手法となっています。その代表が、金賞を受賞したIndeed JapanのDM（P28）。重量感のある箱型の形状や、期待感を抱かせるコピーなど、開封してもらうための工夫が考え抜

常磐興産（スパリゾートハワイアンズ）

リクルート

クレディセゾン

三口産業（ミアンビューティ）

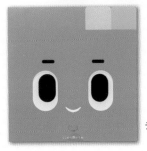

ディーエムエス

Indeed Japan

日本賃貸住宅管理協会

北洋銀行

アマゾンジャパン（Amazonネットスーパー）

京都先端科学大学

かれています。

　箱以外の方法で、DMならではの"物性"を活かし効果を出した例もありました。銅賞の日本賃貸住宅管理協会のDM（P57）は、バインダーを同封することで、その厚みと硬さで開封前からインパクトを出すことに成功しました。バインダーによって保管性が高まり、長期的に効果が持続したこともポイントです。

　また、封筒にひと工夫加えることで関心を惹く方法もあります。銅賞の北洋銀行のDM（P55）は、封筒に受け取り手への質問と「はい」「いいえ」の2つの開封面が設けられており、思わずその先が知りたくなり開封させる仕掛けになっています。中面も開封面に応じて異なるストーリーが展開するようになっており、紙のDMでありながら、ターゲットの心理に合わせたインタラクティブな展開ができるよう工夫されています。

ポイント⑤データの連携から生まれるメディアミックス
オンラインとオフラインの統合

　「オンラインとオフラインの統合」や「データ連携」も本年度の審査ではキーワードとなりました。銀賞のアマゾンジャパン（Amazonネットスーパー）のDM（P36）は、動画広告での認知拡大のタイミングに合わせて送付されています。コピーやビジュアルを動画広告と連動させた一方で、地域別に情報を絞り込むなど、オンライン連携と受け取り手に合わせたカスタマイズを両立し、オンラインとDM施策が理想的な形で噛み合って成果を上げていました。DMでネットスーパーの利用方法をわかりやすく解説することで、さらに利用促進に繋げています。

　オンラインへの誘導施策では、DMに載せる情報をあえてシンプルにし、詳細の説明はWeb上の説明やウェビナーに誘導するスタイルが複数の作品で見られました。情報を削ぎ落とした究極の形が京都先端科学大学のDM（P56、P67）。大学についての情報は一切なく、オープンキャンパスの告知とクイズのみのシンプルな構成で、従来を大きく上回るアクセスを集めました。DMの機能をオンライン誘導のための手段に絞り込むことで、大胆なクリエイティブが可能となり、また効果の可視化ができています。

　銅賞のソフトバンク（P48）は、子どもがいるユーザーを対象に、子どもの年齢に合わせて5つのスマホデビュー応援DMを出し分けました。年齢に合わせた商品やメリットの訴求だけでなく、子どもにスマホを持たせる親の不安に寄り添い、悩みを払拭させるようなコンテンツも一緒に送ることで効果を上げています。自社の持つデータをうまく活かした展開になっています。

ポイント⑥きめ細かな対応をデータの力で行う
パーソナライズ型の最新形DM

　そして、本年度の審査で最も注目を集めたのが「パーソナライ

ズ型」のDMでした。これまでDMにおけるパーソナライズと言えば、オンデマンド印刷などを使い、買った商品や保有ポイントなどに応じたメッセージやお薦め表示をDM上ですることを指していました。しかし、本年度見られた「パーソナライズ型」DMでは、受け取り手一人ひとりに合わせた個別のWebサイトや動画がオンライン上にあり、そこに誘導するためのパーソナライズ二次元コードがDMに掲載されているといった形で、誘導先のオンラインコンテンツも含めてパーソナライズされているのが特徴です。

銀賞のアシックスジャパンのDM（P40）では、DMに印字されているクーポンの金額が受け取り手によって異なるだけでなく、誘導先のWebサイトもパーソナライズされていました。受け取り手には特別感を与え、送り手の企業にとってはWeb上の行動をトラッキングし効果測定や行動分析につなげるデータ取得の機会となっています。銅賞のリコージャパンのDM（P49）は、パーソナライズ動画を活用した例です。DMに印字されている二次元コードから「お客様だけのバリアブル動画が今すぐ見られます」というコピーで誘導した結果、4分の1を超える人がパーソナライズ動画を視聴したといいます。

DMで事細かに詳細を記載しなくても、個別のWebサイトや動画に誘導できれば、そこで対面営業のようなきめ細かな個別対応をすることができます。DMを活用した営業活動のDX化とも言うことができます。

ポイント⑦コンテンツ勝負型のDMも健在
受け取り手の心を動かす丁寧なメッセージ

最後は、DMの原点とも言える“お手紙”形式で、丁寧で心のこもったメッセージが人の心を動かした事例を紹介します。銀賞を受賞したヤマテツRisingのDM（P34）は、2年半前に創業したばかりの夫婦で営む水道工事店が出したもの。丁寧な文面の挨拶状に華やかなペーパーブーケ、水まわりの困りごとを記載したイラストパンフレットで共感と親近感を生み出しました。パンフレットに記載された困りごとは、その地域ならではの「あるある」なニーズを突いており、地域密着で活動してきた水道工事店ならではの知見が反映されていると言えます。

銅賞を受賞した戸田被服のDM（P51）は、社員が企画・文面作成からデザインまで全て手作りで作成しています。「手書きのお手紙」に限りなく近く、作っている社員の人となりや企業の姿勢を感じるパンフレットは、見る人の心をあたため、ほっとさせるものになっています。

綿密なリサーチやデータを活用した顧客への寄り添いがある一方で、地域や顧客の事情に精通した社員による心のこもったメッセージで「わたし宛のメッセージ」と感じさせることもできる。全国区の企業から個店まで幅広く活用できるマーケティングツールとしてのDMの可能性をここに見ることができます。

ソフトバンク

アシックスジャパン

リコージャパン

ヤマテツRising

戸田被服

データドリブン時代を迎え
DMはさらに進化する

第37回全日本DM大賞は、パーソナライズ型のDMなど、
データドリブン時代ならではの企画が多く見られた。
パーソナライズの内容も、オファーだけでなく送付タイミングや
誘導先のコンテンツまで、あらゆる面に及んだ。
一方では、紙という物性を活かしたDMや紙ならではのあたたかさがあるDMも審査の目に留まった。
審査会での議論を振り返るとともに、今年のDMの潮流や今後に期待することを聞いた。

徹底的に顧客分析を行い
企画に落とし込んだ作品に高評価

恩藏：今年の最終審査のキーワードは「戦略性」「パーソナライズ」「データドリブン」の3つだったと思います。数年前のDM大賞を振り返れば、色や香り、紙の触感など、五感に訴えるDMが多かったように思いますが、昨年あたりからそういったものはあまり見なくなり、傾向が大きく変化しつつあることが感じられました。

宮野：グランプリに輝いたfreeeのDMはとてもよく考えられていて、クオリティが高いと思いました。開けるとまず「本年度も決算業務本当にお疲れ様でした」というコミュニケーションがあって、見た人に寄り添う形で設計されていて。送付先の企業の決算タイミングに合わせて発送していることに加えて、チョコレートの個数も経理部全員に行き渡るように考えたとあり、経理部一人ひとりからの評価を上げることでコンバージョンに結びつきやすくなるよ

う、設計されています。決算タイミングや経理部の人数といった企業データをうまく組み合わせるDX的な発想ですよね。

上島：DMの送付タイミングだけでなく、徹底的に企業分析や業務把握を行い、DMという接点がどのように作用するのか考え抜かれたシナリオでしたね。顧客解像度が高いと思いました。

明石：顧客の状況理解とクリエイティブが一致しているいい例だと思います。さらに、リアルなDMを活かしたエモーショナルな表現にもなっていて、だからこそグランプリに選ばれたのだと思います。

音部：「テンキーチョコ」をもらって嫌がる人はいないでしょうしね。単にチョコレートを送るというのではなく、なぜ我々があなたにチョコレートを送るのかというエクスキューズが明確に設定されているところも秀逸ですよね。

加藤：DM送付後にアウトバウンドの電話を掛けていますが、アポイントの獲得率はDMを送付していない場合と比べて約5倍に

審査委員長・恩藏 直人
マーケティング活動の中で
DMをいかに有効に位置づけるかという
マインドが浸透してきている。

なったという点もいい。最終的なKPIは営業が直接アプローチできる数を増やすことだったと思うのですが、まさにそれを達成していて素晴らしいと思いました。

藤原：金賞でクリエイティブ部門にも選ばれたIndeed Japanも、タイミングをよく狙って送っているなと思いました。ターゲットにどのタイミングで何をやってもらいたいのかということも含めて、ターゲットをよく見ていると思います。

加藤：Indeed Japanは、アイスブレイクカードという発想もいいですよね。外資系企業はもちろん、最近は日本企業でもミーティングの前にアイスブレイクを行う文化が広がってきているので、採用面接だけでなく、社内でも活用される様子が目に浮かびます。

明石：そうですね。アイスブレイクカードは、行動を起こさせるというオファーとしての役割をしっかり果たしていることが感じられて非常によかったです。

椎名：銀賞のソフトバンクは、データを活用し、請求のタイミングなども含めてベストなタイミングを狙うためにビジネスフローを変えたという点がすごいです。企業としてマーケティング活動の中に体系的にDMを組み入れ、活用していることがわかります。

音部：今アクションを取らなければ損をするのではないかという気持ちを喚起し、実際の行動につなげていますよね。実は、私もこのDMを受けて機種変更した一人です。

データドリブン時代ならではのパーソナライズ型DMに注目

椎名：DMの受け取り手一人ひとりに合わせて個別のサイトや動画を用意し、そこに誘導する二次元コードを掲載するようなパーソナライズ型のDMに今年は注目が集まりました。銀賞でデータドリブン部門にも選ばれたアシックスジャパンは、よくできていると感心しました。店舗オペレーションを行っている企業は、店舗とWebのデータ統合に出遅れている印象がありますが、両者のデータを統合した上でWebの未登録者にDMを送るという戦略を含めて、いい事例だと思います。

明石：銅賞のリコージャパンも、イベントの招待状としてパーソナライズした二次元コードから、その人の名前などが入っているパーソナライズ動画に誘導していて、導線がシンプルでわかりやすいと感じましたね。

椎名：美容室に向けてサンプル入りDMを送付した銀賞の三口産業は、DMにパーソナライズ二次元コードをつけ、Webアクセスログを取得できるようにしたことで、アクセスのあった美容室を優先的に営業活動でフォローしていました。同封サンプルで興味を持たせ、二次元コードからWebに誘導してさらなるサンプルを請求してもらい、それを持って営業が訪問するという3点セットになっています。このフローがいいですね。

上島：完全なパーソナライズの例ではないですが、営業業務の効率化という点では、銅賞を受賞した日産サティオ千葉も挙げられますね。顧客リストから宛先と16種のDMデザインを選ぶだけで販売員が2営業日でDM発送できる仕組みを導入し、30分かけていた業務を5分に短縮しています。クリエイティブ自体に意外性はありませんが、この仕組みを構築したのは素晴らしいと感じました。

音部：オンラインとオフラインの統合のやり方に、さまざまな技が見られましたよね。銀賞のアマゾンジャパンは、動画広告などデジタル上のタッチポイントとDMのタイミングや内容が連動してお

明石 智子
DMと個別の専用Webサイトなど
異なるメディア同士の連携に
新たな傾向が見られた。

秋山 具義
パーソナライズ型のDMに
クリエイティブの要素が加われば、
もっといいDMが生まれる。

り、特殊と言えるほどに両者がうまく統合できており、マーケティングの観点からも素晴らしいと思いました。

宮野：DMの内容も、うまく利用シーンを想起させる内容になっていました。実際にページ閲覧数やコンバージョンが上がるなど、効果も出ています。

DMを送付した前後の体験も含めた設計で効果を上げる

藤原：金賞および実施効果部門の受賞となった常磐興産は前回も銀賞を受賞していますが、今回はDMが届いてから実際にスパリゾートハワイアンズに行き、思い出になるという一連のストーリーがきちんと練られた内容になっており、さらによく考えられていると感じました。

斎藤：子どもに「連れて行って!」とせがまれるのが目に浮かぶようです。

秋山：子どもにとっては、行く前も帰ってきてからも楽しいと感じられるようなDMになっていますよね。

明石：体験ギミックもふんだんに盛り込まれていて、DMならではのアイデアですよね。この先もずっと思い出に残ってほしいという企業の思いも感じられます。

椎名：銅賞となった日本賃貸住宅管理協会は、立派なバインダーが同封されており、こちらも手元に残るDMとなっています。特にBtoBの場合は、このように手元に残るものがある方が、長く

効果を発揮します。1分で診断できるチェックシートも簡単ですし、体験型でわかりやすく、いいツールになっていると思いました。

加藤：経営者にとっては、チェックシートに1つ当てはまるものがあっただけで、何となく危機感を抱きますよね。

藤原：こういう法律が施行されましたという周知にもなっていて、いいですよね。

上島：昨年金賞だったネクスウェイは今年も入賞し、銅賞を獲得しました。自治体における「ふるさと納税業務」は担当者が分散し、複数の組織にまたがるため、回覧板に見立てたクリエイティブにしたという点が秀逸でした。自治体という組織実態や状況を理解し、その心理をうまく活用した好例と思います。

椎名：昨年はDMでサービス内容や導入メリットを伝え、商談につなげるという手法でしたが、今年はサービス内容などの解説はすべてセミナーに任せ、DMはセミナー参加への誘導に徹しています。その分、シンプルでコスパのいい施策になっており、昨年の施策のフォローとしての位置づけが確立されていました。DMとWebとの連動においては、DM自体に載せる情報は極力少なくし、詳細はWebに誘導することで反応率を上げ、同時にデータを取得して効果の可視化を狙うという傾向が、他の応募作品でも見られました。今後はそういう方向性に進んでいくのだろうと思います。

藤原：銅賞の京都先端科学大学も、DM自体に載っている情

音部 大輔
タッチポイント間の連携が進むことで、
DMの役割は独自の特性を活かしたものになる。

加藤 公一 レオ
DMは究極を言えば
最高の1to1をつくる、
最高の1to1を求めていく施策。

報はクイズとオープンキャンパス告知だけで、とてもシンプルでした。クイズの答えを書いていくと二次元コードが完成するアイデアが面白く、レスポンスが非常に高かったということも含めて、数ある大学のDMの中でも目新しいなと思いました。

秋山：数字が好きな人にとっては楽しそうですよね。大学の求める人物像に合っているわけですね。

紙のDMが持つ
デジタルにないあたたかみを活かす

上島：銀賞に輝いたヤマテツRisingは、井戸や水回りの施工会社ですが、水道トラブルの一般的な販促は電話番号を印刷したマグネットをポストに入れる方法。その中で、今回のDMは業界に大きなインパクトを与えるものだと思います。

藤原：地元で生活する人たちの「あるある」な課題をイラストに起こし、読みやすくして伝えるという点でも、よくできていましたよね。

音部：同じく銀賞のNanoは、実際にカルタで遊ぶかどうかはわからないものの、もしあれが私のオフィスに送られてくれば、話題にしてしまうと思います。実体を持っているDMというメディアをもって会話を促すことが目的なのだとしたら、十分に役割を果たしているのではないでしょうか。

宮野：銅賞を受賞したクレディセゾンは、クレジットカードのある生

活がすごろくで楽しめるDMとなっていて、ユニークでした。内容も受け取り手のプロファイルに合っており、SNS上での投稿も多く見受けられたことから、クリエイティブも非常に高く評価できると思いました。

秋山：開封を促す封筒のキャッチコピー「同封のゲームで、豊かな日常を体験してみましょう。」もいいなと思いましたね。同様に銅賞の北洋銀行は、「口座振替の受付業務をラクにしたいと思いませんか?」という問いかけが封筒に書かれていて、「はい」か「いいえ」かの回答によって開封を促す場所が異なるというアイデアが面白いと思いました。

椎名：銅賞のソフトバンクの作品は、子どもに初めてスマホを持たせる親御さんの疑問や悩みに丁寧に答えるDMを作成することで、不安な気持ちに寄り添い、スマホデビューを後押ししています。

音部：シニアの方をターゲットとしている銅賞の戸田被服は、DMから顧客を真摯に想う気持ちが伝わり、温かい印象を受けました。服の補修方法を伝えるなど一見、実利に反しているようですが、顧客に強力な愛着をもたらしているのではないでしょうか。一人の人間として消費者に向き合うという、シンプルですが忘れられがちな真理を大切にしなければと思わせてくれました。

秋山：手作り感のあるトーンで、シニアの方は好きだろうなと思いますね。隅から隅まで丁寧に読み込んでいる様子が浮かびます。銅賞を受賞したグーグル・クラウド・ジャパンは、デザインの美

上島 千鶴
DMのクリエイティブ性は、見た目や派手さよりも、
顧客理解と高い解像度がベースにある。

斎藤 貴
デジタルを活用したDMが
もう一段階進化してきている。

しさが印象に残りました。紙飛行機を飛ばしてみましたが、きれいに飛びましたし、届いたら絶対に嬉しいDMだと思います。

明石：デザインの洗練に加えて、紙ならではの温かさもありますよね。BtoBの質の高いコミュニケーションに慣れている受け取り手の心もしっかり捉えており、リアルイベントの招待状としてモチベーションを高める役割を果たしていると感じました。

宮野：SDGsにも配慮されており、企業理念や企業価値を表現するDMとして高く評価できますよね。

テクニックやA/Bテストを駆使してDMの効果を向上

加藤：銅賞を受賞した誠もち店は、オンラインの通販業界で最近よく使われているアンケートランディングページを模したDMで、うまいなと思いました。単にクーポンを配布するよりも、簡単なアンケートに回答してもらったお礼としてクーポンを配る方が、実は効果が高いんですよね。このテクニックをオフラインのDMでも活用している例は初めて見ました。

藤原：本来はスーパーなどに卸しているBtoBの会社だけれど、コロナ禍で取引が減ったので、新商品を開発し、DMを活用してD2Cの販売を行ったそうですね。ビジネスの戦略としても面白いなと思いました。

加藤：銀賞の森永乳業も、D2Cの通販業界でLTVを伸ばす際に有効な「おまとめ買い」というテクニックを活用しています。そこにSDGsを絡めて訴求したという点が新鮮でした。

椎名：切り口として新しく、コスト削減が実現できる点も面白いですよね。

明石：銀賞の北海道産地直送センターは、顧客セグメント別のシナリオを策定して、A/Bテストを徹底的にやって効果を出そうという姿勢が素晴らしいです。

宮野：DMを起点にビジネスを盛り上げていこうという意欲が感じられますよね。

加藤：クリエイティブは王道ですが、シズル感のある写真でおいしそうに感じさせる演出がよくできています。キャッチコピーも秀逸です。

上島：銅賞のポーラは、従来の圧着ハガキから封書に変えてリピートやクロスセルを促しました。こちらもサンプルを同封した場合としなかった場合でA/Bテストを行っていました。同封した場合はサンプルを試用する間、購入前にワンクッション置かれるため、同封しない方が高効果という結果を得ていましたね。

最高の1to1を極めるDMの登場に来年は期待

明石：ここ数年の審査はどれも非常に見応えがある印象でしたが、今年も新しい業界や企業のDMがあり、新たな進化が感じられました。昨年もそうでしたが、今年もBtoBのDMが目立っていました。特に、無形のサービスについてアプローチする、コミュニケーションを取る使い方が盛んになっていることを感じます。BtoBの商品やサービスは、複数の導入決定者をいかに巻き込み、関心をつかんでいくかが重要になるため、より質の高いクリエイティブや形のあるDMならではの体験を促すアイデアに期待したいと思います。また、DMと個別の専用Webサイトを連動させるなど、異なるメディアのよさを連携させながら展開していくといっ

宮野 淳子
マーケティング戦略の中で、
DMの役割がより一層明確になっている。

藤原 尚也
SDGsなどのトレンドを踏まえた
新しさのあるDMがもっと見たかった。

た新しい傾向も見られましたので、来年以降もメディアミックスや
データの連携などに期待しています。

秋山: パーソナライズ型のDMは増えてきましたが、残念ながらデザインがいいと感じるDMはほとんどなく、クリエイターが関わっていない感じがしました。DMを手に取って開いてもらうには、デザインがいいことも必要だと思います。データ分析や戦略性に加えて、デザインやコピーなどクリエイティブの力が発揮されることで、もっといいものになるのではないかと思っています。近い将来に期待しています。

音部: 昨年は、手元に残るDMならではの物性の高さや会話の促しの強さが目立っていたように思いますが、今年は動画や訪問、実際のサービスといったタッチポイント間の連携を促す施策が多く見られました。DM大賞というより、マーケティング大賞に近づいてきたようにも感じられますが、この傾向を私は非常にポジティブに捉えています。DMには、手に取って見られる、角度を変

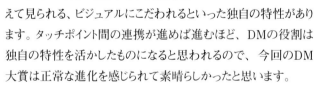

えて見られる、ビジュアルにこだわれるといった独自の特性があります。タッチポイント間の連携が進めば進むほど、DMの役割は独自の特性を活かしたものになると思われるので、今回のDM大賞は正常な進化を感じられて素晴らしかったと思います。

加藤: 少し前までは、単純にテレビCMや折り込みチラシの代わりにDMを送るといったマス的な使い方が多かったように思いますが、毎年パーソナライズ化が進み、送るタイミングやコンテンツ内容もパーソナライズされてきていることを感じます。やはりダイレ

クトマーケティングの代表であるDMは、究極を言えば最高の1to1をつくる、最高の1to1を求めていく施策だと思うので、そういったDMがもっと増えればいいですね。

それから、7年間審査委員を務めていて一つ思うのは、いいDMであっても必ずしも受賞するとは限らないということ。我々は審査で、過去に比べて新しいといったイノベーティブなものを選びますが、マーケティング施策としては、変えない方がいいものもあります。そのため、DM大賞に選ばれなかったとしても、これまでよりも評価が下がっていたとしても、DMとしていいと言えるものはたくさんあるということを覚えておいていただければと思います。

上島: 初めて審査会に参加し、とても楽しく拝見させていただきました。気になった点はDMに何を求めるのか最終ゴールがわかりにくかったことです。例えばDMからWebや動画にアクセスしてもらえればよいのか、購入や申し込みをしてもらうのかなど、DMの位置付けとDM接点からどこまで目指す(期待する)のか、エントリーシートからもう少し読み取りやすいとよかったです。

また、DMのクリエイティブ性は見た目や派手さ以前に、顧客理解と高い解像度がベースにあるべきと考えています。お客様の個々の状況に合わせて伝わるDMなのか、行動変容に繋がるきっかけになるのか、という点をこれからのDMには期待しています。

椎名: 今年は例年に増して粒ぞろいだなと感じました。皆マーケ

椎名 昌彦
受賞作はどれも
マーケティングを手堅くやっている印象。
例年以上に粒ぞろいだと感じた。

ティングを手堅くやっているなと思います。購買履歴データやター
ゲットデータを見ながら戦略を立てることが当たり前になり、これか
らいよいよ皆がパーソナライズに取り組むようになれば、次はい
かにいいクリエイティブをつくるかが仕事になっていくのではない
でしょうか。実は4～5年前から感じていたのですが、それが思う
ように進まないのは、データドリブンとクリエイティブを手掛ける人
が異なるといった組織やチームの問題かもしれませんね。今後は
その辺りの意識が共有され、データドリブンとクリエイティブの両方
を統合して理解できるようになれば、DMが大きく変わるのでは
ないかと楽しみにしています。

藤原：今年は、freeeや常磐興産のように受け取った人の気持
ちを動かし、態度変容を促すようなDMもあれば、データ活用や
パーソナライズしたDMもあるといった形で、バランスのいいDM大
賞だったと感じます。一つ足りなかったと思うのは、SDGsなど
最近の時流やトレンドを踏まえた新しさです。加藤さんがおっしゃ
るように、変わらない王道は王道で素晴らしいのですが、クリエ
イティブを含め、そういったチャレンジングなDMも見たかったなと
思います。次回は、BtoCやBtoBを問わず、社会課題も捉えた
施策に期待しています。

宮野：私も初めて参加させていただき、自分自身がすごく勉強
になりました。たくさんの応募作品を見た中で印象に残ったの
は、マーケティングプランニングの中でDMの役割を明確にし、タ
ーゲットがどのような方なのかをきちんと把握したうえでコンテンツ

をつくっている作品でした。中でも、開封率を上げるためにクリエ
イティブを工夫していたものが面白いと感じました。今後も、DM
の役割を明確化し、ターゲットのニーズや課題に寄り添うデザイ
ンやコミュニケーション設計、DMの実施による売上貢献ロジック
の設計までを徹底した作品が増えると、さらに可能性は広がるの
ではないかと思います。

また、秋山さんも同様のことをおっしゃっていましたが、例えば銀
行や携帯会社などで、店舗に置くパンフレットとDMで同じような
情報を伝えている場合、DMの方は凝ったクリエイティブにしてワ
クワクさせるといったような工夫が出るといいと思います。

斎藤：審査を通して、デジタルを活用したDMがもう一段階進化
してきているという印象を受けました。一方で、手書きの冊子や
普通のプリンターで印刷できるようなDMも多く、それぞれのニー
ズに合った活用を見ると、まだまだ紙の力は有効だと非常に心
強く感じました。

恩藏：パーソナライズやデータドリブン型のDMが多く見られるよう
になった背景には、DMをマーケティング活動の中にいかにうまく
位置づけ、有効に活用するかというマーケティングマインドが幅広
い企業に浸透してきていることがあると思います。また、DMを送
付して喜んでもらって終わりというのではなく、その前後の体験
に至るまでよく考えられて活用されてきていることも感じます。
DMは毎年進化しているので、来年の次なる進化にまた期待し
たいと思います。

> 第2部

徹底解剖! 成功する DMの極意

第37回全日本DM大賞 入賞・入選作品

■基礎情報の記載事項
①企業概要(主な商品、サービス、ビジネス内容)
②主なターゲット顧客層
③ダイレクトマーケティングツールの通常の活用状況

■なぜDMを使用したのか
今回の施策でDMを選択した理由、
および全体の中での位置付け

■staff略号

Adv	広告主担当者	D	デザイナー
Dir	ディレクター	C	コピーライター
Pl	プランナー	Pr	プロデューサー
AE	営業	I	イラストレーター
CD	クリエイティブディレクター	Ph	フォトグラファー
AD	アートディレクター	Co	コーディネーター

ねぎらいの気持ちを込めて
テンキーチョコDMを送付

テンキーチョコで、
上場企業の決算疲れをfreee！

≫ 広告主 **freee**
≫ 制作者 **フュージョン**

staff　Adv 関 幸一　Dir 田村 亮子　AE 吉川 景博、植松 勇生

POINT **1**

箱の外観は、チョコをかけたようなデザインにして、受け取り時のインパクトを高め開封率を向上させた。

POINT **2**

チョコレートの天面に数字や記号のシールを貼ってテンキー風に仕上げた。 数字4のシールには、freeeのシンボル「ツバメ」もさりげなく入れた。

freee 関 幸一氏

DM施策の全体図

チョコレート　同梱冊子

各企業の本決算業務終了月に合わせてDMを毎月定期発送

freee

DM到着後に全企業へ架電

上場企業の経理部

クラウド型会計ソフト「freee会計」は上場企業による利用も多いが、個人事業主や中小企業のみに特化していると認知される傾向にあった。この認知を覆すべく、本決算業務を終えた上場企業の経理部に向け、ねぎらいの想いを込めて、経理業務でよく使う「テンキー」を模したチョコレートを送付した。

目的	freeeの認知向上と導入推進
DMの役割	主に認知拡大
発送数	1,271通
効果	フォローコールの接続率が高まり受付突破率は5倍以上／DMの認知率50%超え
ターゲット	本決算業務を終えた上場企業の経理部員

戦略性

ターゲットは未開拓の上場企業 印象に強く残して商品認知高める

　freeeは新規上場企業のおよそ3分の1が利用している実績があるにもかかわらず、個人事業主や中小企業のみに特化していると認知される傾向にあった。今回のDMではこの認知を覆すべく、上場企業の多くが利用していることを訴求し、freee会計の認知向上と導入推進を図った。

・マーケティング方針

　上場企業は四半期ごとの決算に加え、決算月には本決算を行う。今回のDMでは本決算業務が終わったあと、上場企業の経理部員が一年で唯一気が休まるタイミング（決算開示後＝決算月3カ月後）に、ねぎらいの想いを込めて箱詰めのチロルチョコを送付した。

・販促企画

　会計ソフトのリプレイスは3〜5年周期であり、すぐに導入になるわけではない。そのため、将来のリプレイス時に経理責任者になっている可能性がある経理部全員に対して、印象に強く残るクリエイティブを意識した。

・ターゲティング／リスティング

　上場企業の本決算業務を終えた経理部員。決算月3カ月後が本決算終了（決算開示後）の時期であるため、ターゲット企業に過不足なく送付できるよう毎月DMを発送し、各企業の決算月3カ月後に届くようにした。

クリエイティブ

将来の導入検討に向けて 経理部全員の胸にfreeeを刻む

　DM形状は箱型で、その中に経理部員が業務でよく目にしている「テンキー」を模したチョコレートを詰めた。チロルチョコにした理由は、限られた予算のなかでも、経理部全員へ配れるだけの数量が確保できることから。また、チョコレートは差し入れアイテムとしても馴染み深いためだ。

　箱底面には「お仕事の合間にフリーなひとときを過ごせましたか」とメッセージを記載し、チョコをすべて取ったあとにもねぎらいの心遣いが伝わる演出を施した。

　「経理部全員をねぎらえる数を用意でき、かつアイデアの面白さで長期的に印象に残すには？と考え、経理部の方が普段よく見ているもの＝経理業務で使う『テンキー』を模したチョコレートというアイデアが生まれました」（フュージョン　田村亮子氏）

「freeeのブランドコア（価値を届ける指針）のキーワードのひとつに"ちょっとした楽しさ"があります。テンキーチョコというアイテムでねぎらいの想いを伝えられたとともに、ブランドコアにある"楽しさ"も体現できたと思います」（freee　関幸一氏）

同梱冊子にはfreeeを利用している上場企業のロゴを記載し、上場企業の利用の多さが一目でわかるようした。

実施効果

受付突破率5倍以上
突然送っても好感度は高い

DM送付後にフォローコールを行ったところ、通常に比べ接続率が高くなり受付突破率は5倍以上、DMの認知率は50％超という非常に高い結果となった。「チョコを送りました」というフレーズを話すと相手の反応もよく、与信があがるとともにそれがフックとなり状況確認（ヒアリング）につなげられた。

「DMのよさは、限られたマーケットや特定のセグメントに対して、ほかのメディアよりも効果的に訴求できるところです。今回のDMを通じて、クリエイティブを工夫することで、突然届いても好感を持ってくれることがわかりました」（関氏）

著名なCFOが自社に届いたテンキーチョコDMをSNSで写真付きで紹介するなど話題の広がりも見られ、認知が一層進んだ。

freeeでは従来から資料請求の獲得などにDMを活用していたが、今回のテンキーチョコDMからは、新たな気づきを得られたという。今後は今回の施策で得た知見やデータなどを参考にしながら、ほかの部署でもDMを展開していくことを検討している。

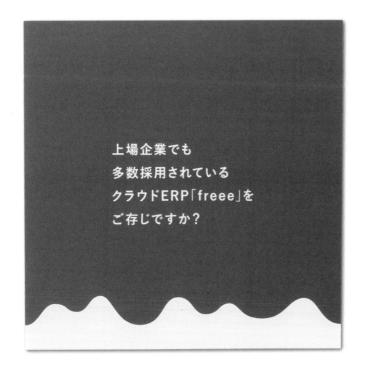

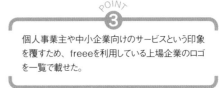

POINT
3

個人事業主や中小企業向けのサービスという印象を覆すため、freeeを利用している上場企業のロゴを一覧で載せた。

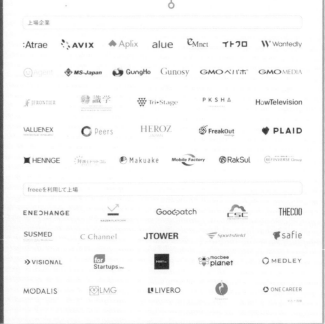

POINT
4
チョコを全部取り終わったあとで目に入る箱底面にも、心遣いのメッセージを記載。

審査会の評価点

戦略性	/	★ ★ ★ ★ ☆
クリエイティブ	/	★ ★ ★ ★ ★
実施効果	/	★ ★ ★ ★ ☆

審査委員講評

受け取ったときのインパクト。経理部全員への配慮。決算期の3カ月後という本決算業務終了時に送付。その後の架電。知名度の引き上げから実際の契約。これらすべてが計算し尽くされており、素晴らしいDMだといえます。

恩藏直人

リプレイスは3年以上先なのを見越して、将来の経理責任者の認知も意識し、経理担当全員にテンキーのチョコを届けた先読みの箱DMに驚きです。慰労のため、会社ごとの決算終了のタイミングに合わせて送ったアイデアも素晴らしいです。

明石智子

DMを受け取った後の社内のコミュニケーション活性化、その後のフォローアップ電話の取り次ぎまで考えられた施策で、大変素晴らしかったです。各社の経理の人数を考慮した上でのチョコレート数量の最適化や経理の方に馴染みあるテンキー型のチョコレート。わかりやすいコミュニケーションまで、非常によく考えられておりました。フォローアップの電話の受付突破率50%以上という結果も大変素晴らしいです。おめでとうございます。

宮野淳子

・ DM診断 ・

ここが秀逸!

ターゲットの心理を理解したDMになっていたことが成果に表れた。決算月の3カ月後という発送タイミングも相手に寄り添っていることが伝わる。ハガキや封書では他社との差異化が難しいと考え、箱型にしたところもよかった。上場企業の経理担当はチームで業務をしているので、テンキー型のチョコが配られることによる拡散力もありそうだ。BtoBのDMとしてはシンプルな構成ながらポイントを押さえた仕上がりになっている。印象に残るDMになったことは、フォローコール時の効果からも伺えた。

家族みんなで完成させる
世界でただひとつの旅の物語
ストーリー イン ハワイアンズ

» 広告主　**常磐興産（スパリゾートハワイアンズ）**
» 制作者　**シスク**

staff　Adv 鈴木 英輔、他力 桃子

POINT
1
DMが手元に届いた瞬間からワクワクしてもらえるよう、封筒をエアメール風にして楽しさを演出。

POINT
2
記載の指示に沿って書き込んだり、スタンプを押したり、入場券を貼ったりしていくことで、オリジナルの旅の物語が完成する。

左から、常磐興産の他力 桃子氏、鈴木 英輔氏

DM施策の全体図

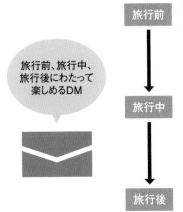

旅行前、旅行中、旅行後にわたって楽しめるDM

旅行前 → 家族に聞きながら子ども自身がやってみたいことリストや、持ち物リストを作る。

旅行中 → ハワインアズの施設内でDMを持ち歩きながら、スタンプを押したり、レストランやショーの感想を書き込んでいく。

旅行後 → 世界でひとつの物語が完成！写真つきの家族旅行の思い出として長く保存できる。

3世代ファミリーのリピーターに向けて、7・8月の宿泊プランを提案。価格訴求ではなく、ハワイアンズへの旅行前から旅行後まで楽しめ、思い出として長く残してもらえるDMを目指した。DMからの予約者数はコロナ禍前2018年の70%まで回復し、前年度を上回った。

目的	主に継続顧客化
DMの役割	注文促進【クロスセル】・休眠顧客の活性化
発送数	8万通
効果	DMからの予約者数がコロナ禍前2018年の対70%に回復、前年度を上回る
ターゲット	3世代ファミリー（首都圏中心・リピーター）

戦略性

価格訴求ではなくDMの仕掛けで旅行をより楽しく

ハワイアンズでは毎月リピーター向けにDMを送付しているが、毎月のDMではフラガールやマスコットキャラクターなどハワイアンズのコンテンツを主役として登場させることが多かった。

しかし、本来の旅行の主役はお客様。そこで今回の夏休みDMでは「ハワイアンズの主役はお客様であるアナタ！」をコンセプトとし、子どもを中心に家族みんなで、ハワイアンズ旅行ならではのオリジナル物語を完成させる企画にした。

ハワイアンズのコンテンツは、あくまでお客様の旅を彩る登場人物のひとつとして位置づけ、家族を主役にした見せ方にこだわって制作した。

・マーケティング方針

リピーターに旅行前、旅行中、旅行後にわたって楽しんでもらい、思い出として長く残してもらう。それによって夏休み＝ハワイアンズと意識づけをする。

・販促企画

7・8月の夏休み宿泊プランを提案。価格を訴求するのではなく、コロナ禍のために楽しむ機会が少なくなった旅行体験を、これまで以上に楽しんでもらいたいという想いをDM施策に込めた。

・ターゲティング／リスティング

首都圏中心とした3世代ファミリーのリピーター。

クリエイティブ

旅行前から旅行後まで家族が楽しみながら物語を完成

封筒はエアメール風にして、楽しさと旅の非日常感を演出。同梱した冊子は、記載された指示に沿って子どもが書き込んだり、ハワイアンズの入場券を貼ったり、施設内でスタンプを押したりしていくことで、主人公になった気分で世界にひとつだけの物語を完成させていくことができる。指示内容も、飽きないように様々なパターンを用意した。

「冊子に載せた指示内容は、旅行前には家族に聞きながら持ち物リストを作ったり、ハワイアンズでショーを見たあとは、家族から感想を聞いて書き留めたりと、子どもがひとりで完成させるのではなく、親や祖父母と一緒に思い出のストーリーが作っていけるよう工夫しました」（常磐興産 他力桃子氏）

また、コロナの影響による現場の人手不足を踏まえ、指示内容が現場の手間や負担とならないよう配慮した。ハワイアンズにすでにあるコンテンツを、そのまま活かすように工夫。結果的に、リピーターにより深くハワイアンズを知ってもらうきっかけになったという。

同社では、昨年の夏休みシーズンも同様に子どもを中心に楽しめる書き込み式のDMを作ったが、今年はその際の反省点も活かされている。昨年は1枚のシートに全ての情報をまとめて送ったが、思い出として取っておくものに料金や情報が載っていることは避けたいと考え、今年はこうした情報は冊子と別紙で封入している。

夏休み＝ハワイアンズの意識が定着傾向 コロナ禍前の70％にまで回復

コロナ禍前に比べ、自社サイトや旅行会社からの予約者数が15〜40％にとどまるなか、今年DMからの予約者数は2018年の対70％にまで回復し、前年の60％も上回る結果と

POINT ③

指示内容は、家族で旅行計画を立てたり、家族から感想を聞いて書いたりと、子どもがひとりで進めるのではなく、ファミリーで進めていけるようにした。

なった。

また、リピーターのお客様に“夏休み＝ハワイアンズ”という意識を醸成することにも寄与した。

「今年のDMが届く頃には、『また夏にハワイアンズから変わったDMが届いた！』といった投稿がSNSで見られました。夏休み＝ハワイアンズという意識がDMによって浸透してきたことを実感します」（他力氏）

旅行の楽しみ方は人それぞれだが、最近ではある程度楽しみ方の道筋を示すことが重要になってきている。この夏休みDMは、こうした楽しみ方の道筋を伝えるためのコミュニケーションツールとして機能している。

POINT 4
スペシャルミッションとして、動画による指示を用意。施設内に隠されたパネルからパスワードを入手すると、動画にアクセスできる。

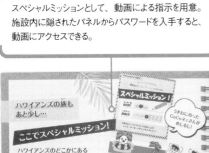

POINT 5
料金やイベント情報は、別紙にまとめて封入。

審査会の評価点

戦略性	/	★ ★ ★ ★ ☆
クリエイティブ	/	★ ★ ★ ★ ★
実施効果	/	★ ★ ★ ★ ★

審査委員講評

DMが届いて、行く前から家族で楽しめて、行ってから現地で楽しめて、家に帰ってきてからも楽しめて、親子のコミュニケーションが取れて、思い出に残るという、DM自体が家族のストーリーになっているところが素晴らしいです。
秋山具義

家族で一緒に見て、今年も行きたいね、と会話を促し、訪問中も思い出を振り返るときも、ブランド体験にアテンドし続ける秀逸な媒体です。DM固有の身体性が良質な知覚刺激として成立しています。同じことをスマホでやっても、同じ効果を期待するのは難しそうです。
音部大輔

体験型のリゾートDMにふさわしく、旅行前から盛り上がる家族の顧客心理をうまくとらえた施策です。「準備→体験→記録→共有」というDMの「残る」特性を活かした点が素晴らしいと思います。
藤原尚也

・DM診断・

ここが秀逸！
コロナ禍で外出や旅行が難しい期間に、既存顧客との関係性を保とうとする想いが表現されたDMになっている。書き込む行為を通して体験を提供し、以前訪問したときの楽しかった記憶を呼び起こし、次に行くことができたときの期待感を醸成する、購買関与度を高めるストーリーがよく考えられていた。このDMを受け取り、体験した人は一度だけではなく、また利用しようとする長期的な効果、将来的な投資効果があるという意味でもよかった。

独自ノベルティ「ICE BREAK CARD」など採用面接で使える3大特典を提供

Indeed Japan
大手企業向けDM施策

» 広告主　Indeed Japan
» 制作者　インフォバーン、DNPメディア・アート、そら

staff　Adv 新井 美音　Dir 板倉 隆一

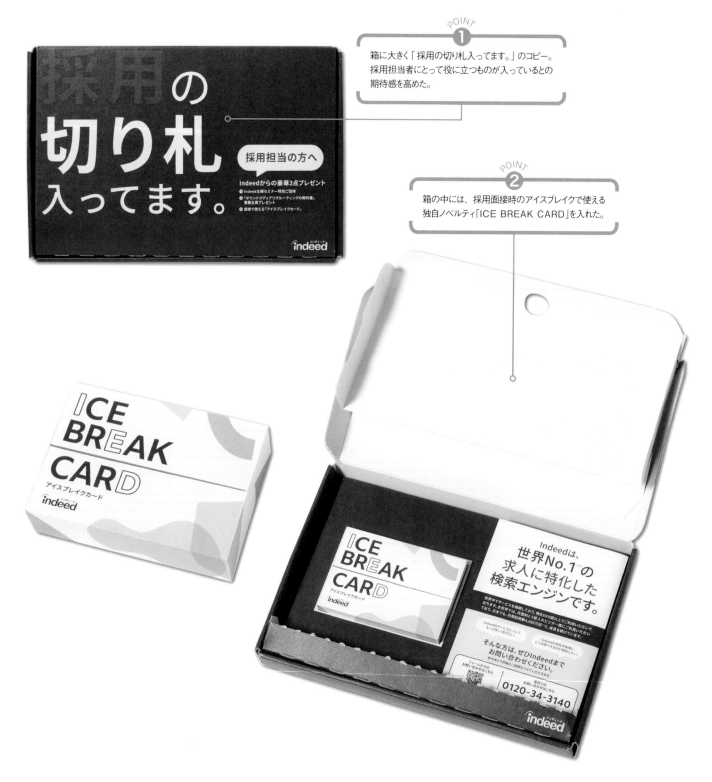

POINT
1
箱に大きく「採用の切り札入ってます。」のコピー。採用担当者にとって役に立つものが入っているとの期待感を高めた。

POINT
2
箱の中には、採用面接時のアイスブレイクで使える独自ノベルティ「ICE BREAK CARD」を入れた。

左から、Indeed Japanの新井 美音氏、インフォバーンの板倉 隆一氏

DM施策の全体図

大手企業からのレスポンス獲得を目指し、期待を抱かせる箱型DMを送付。

 自社主催セミナーへの招待特典

 新刊書籍『オウンドメディア リクルーティングの教科書』プレゼント告知

独自ノベルティ「ICE BREAK CARD」

大企業の採用担当者に向けて、採用面接時のトークテーマを記載した「ICE BREAK CARD」を入れた箱型DMを送付した。セミナー招待や書籍プレゼントの特典効果もシナジー効果を生み、想定の8倍の反応が得られた。

目的	求人情報に特化した検索エンジン「Indeed」の利用意向醸成
DMの役割	主に新規顧客の獲得(Web・モバイル誘導)
発送数	非公開
効果	想定の8倍のレスポンス
ターゲット	大企業の採用担当者

戦略性

デジタルマーケでは届かないターゲットに直接訴求

Indeedは求人情報に特化した検索エンジンだ。運営するIndeed Japanはこれまで、採用活動を行う企業に対してデジタルマーケティングでアプローチすることが多かった。今回は、デジタルでアプローチしきれない大手企業の採用担当者に向けた施策として、ターゲットに直接訴求できるDMを活用した。

・マーケティング方針

大手企業の採用担当者向けに、Indeedのサービス利用意向醸成施策として実施した。

・販促企画

自社主催セミナー「Owned Media Recruiting SUMMIT 2022」への招待特典、自社の新刊書籍『オウンドメディアリクルーティングの教科書』プレゼント告知、さらに独自ノベルティ「ICE BREAK CARD」を同梱してシナジー効果を高めた。

・ターゲティング/リスティング

ターゲットは大手企業の採用担当者。既に取引のある既存企業と新規企業の双方に送付した。

クリエイティブ

自分の仕事に役立つものが入っていそうな期待感を醸成

DMを企画するにあたっては、とにかく開封してもらうことを最優先に考えた。そのためDMの形状を大きさと重量感を感じさせる箱型にするとともに、箱の上面には「採用の切り札入ってます。」のコピーを大きく記載し、中身への期待感を抱かせ、開封へとつなげた。

「受け取った人にとってのわかりやすさを重視しました。届いた箱に自分の仕事に役に立つ何かが入っていそうだと思ってもらえるようにしています」(Indeed Japan 新井美音氏)

箱の中に入っている独自ノベルティ「ICE BREAK CARD」は、採用面接時のアイスブレイクで使えるように独自制作したツールだ。「最近一番笑った出来事はなんですか?」「今年中にやりたいと思っていることはありますか?」など、多彩な内容のトークテーマが1枚ずつ記載されている。

ノベルティを何にするかは様々な案が検討されたが、印刷して制作するノベルティは企画にオリジナリティを出しやすく、コスト面が抑えられるメリットもある。実用性と保存性も高いことから、最終的にカード案が採用

基礎情報

☑ **企業概要**
(主な商品、サービス、ビジネス内容)
求人情報に特化した検索エンジン「Indeed」の運営および採用活動にかかわるサービスを提供。

☑ **主なターゲット顧客層**
業種や規模などを問わず採用活動を行う企業。

☑ **ダイレクトマーケティングツールの活用状況**
従来より封書形式のDMを活用。

なぜDMを使用したのか
デジタルマーケティングではアプローチが難しいターゲットに直接訴求できる。

された。箱に印字された「採用の切り札」の コピーも、このカードの企画と連動している。

同梱した挨拶状においては、今回のDMではIndeedの紹介と採用活動に役立つノベルティと特典を届けていることをしっかり伝えた。採用担当者との信頼感の醸成を心がけながら、DM全体の一貫性も創出した。

レスポンスは想定の8倍
そのうち約8割が新規顧客

実施効果は想定の8倍の反応となった。「ICE BREAK CARD」の反響もよく、複数の企業から実際に活用しているという声が届いた。

「箱を開けたあと、挨拶状から、特典、ノベルティを確認するまで、見ている人の意識がとぎれない流れを作れていたことがレスポンスにつながったようです」(インフォバーン板倉隆一氏)

「DMが採用担当者にきちんと届いたことで反響につながりました。さらに同梱物によって、当社からのメッセージが伝わり、書

籍プレゼントやセミナー招待といったアクションポイントが適切に設定できていたこともよかったと思います。今回の施策で紙のDMだからこそ効果的にメッセージが届くターゲット層もいることが改めてわかり、DMは適切に活用できれば強いチャネルになることを学びました」(新井氏)

レスポンスを分析すると、およそ8割が新規企業だったこともわかった。今回の経験をもとに、今後も新規企業の開拓にDMを活用していくことを検討している。

POINT
3
採用面接時のアイスブレイクで活用できる多彩な内容のトークテーマを1枚1テーマで記載。

審査会の評価点

戦略性	/	★ ★ ★ ★ ☆
クリエイティブ	/	★ ★ ★ ★ ★
実施効果	/	★ ★ ★ ★ ☆

審査委員講評

リーチしたい新規取引大企業だけを狙い、採用担当者の新規リードを獲得するシナリオとして素晴らしい内容です。DM用のノベルティも採用担当者の立場を考えて作り込まれた"役立つカード"で保存性も高く、アクション率が高いのも頷けました。

上島千鶴

DMの質が高いことはもちろん、Call To Actionも明確です。多くのDMは「どうせ使わないノベルティ」を入れる場合が多いですが、この『ICE BREAK CARD』は保存性もあるし、社内で繰り返し使われる可能性があり、Indeed Japanの認知度を勝手に社内に広げる効果があると思います。

加藤公一レオ

人事担当者にはピンとくる「面接で使えるアイスブレークカード」は、作りもしっかりした魅力的なオファーでした。二次元コードとセミナー参加申込サイトへの誘導導線もシンプルでわかりやすい構成でした。

椎名昌彦

POINT
4
「ICE BREAK CARD」とともに、書籍プレゼントとセミナー招待を実施し、「3大特典」として提供。

・DM診断・

ここが秀逸!

BtoBのDMではターゲットの理解が重要であることがよくわかる施策。実用性の高そうなアイスブレイクカードなど、パッケージと同梱物、オファーで受け取り手である人事担当者の気持ちをうまく刺激することができたのではないだろうか。商品やサービスの説明も最小限に抑え、セミナーへの興味を喚起しているのも導線設計のよさを感じる。ネットと電話による営業に加え、DMをリード獲得が難しい大企業への突破口として活用し、レスポンス率も高く、そこからの受注も生み出している。

DM AWARD 2023

銀賞
SILVER
★★

サステナブルを切り口におまとめ訴求
共感を喚起し、高いレスポンス率を達成

お得感ではなく共感で人を動かす
SDGsDM

》広告主　森永乳業
》制作者　ダイレクトマーケティングゼロ

staff　Adv 北村 有紀　Dir 田村 雅樹　CD 阿部 綾子　PI 山本 太一

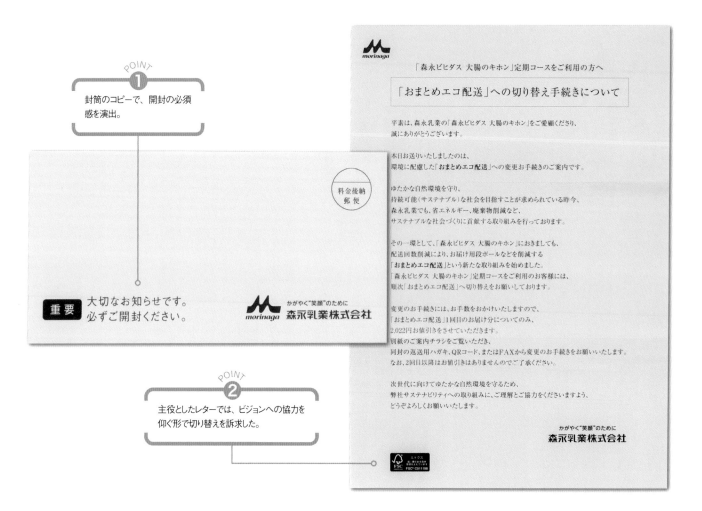

POINT
①
封筒のコピーで、開封の必須
感を演出。

POINT
②
主役としたレターでは、ビジョンへの協力を
仰ぐ形で切り替えを訴求した。

戦略性

サステナブルの切り口で共感を
喚起し高いレスポンス率を実現

　サプリメント「森永ビヒダス 大腸のキホン」は低単価で配送費率が高い上に、速効性を期待されたお客様からの継続率が低いことで、LTVが上がらない状態が続いていた。この構造から脱却するために、継続率の向上かつ配送費の削減を狙った「おまとめDM」を企画。LTVの改善には50％超のレスポンス率が必要であったが、高い信頼性のある企業であるがゆえに過度な訴求はできない。

　そんな中、公的機関から送付されるDMを連想させるデザインで開封とレスポンスの必須感を演出した。また、お得感を訴求するのではなく、まとめ買いによって資材と排気ガスが削減できるというSDGs観点の訴求とすることで、共感を狙った。DMと同時に、DM同様に販売色を抑えたステップメールも送付し、レスポンス向上につなげた。

クリエイティブ

公的機関のようなデザインで
返信の必須感を演出

　開封しなければならないという気持ちを喚起するため、封筒には「重要」「必ず開封」というコピーを記載。DMの主役はレターとし、文面では「購入」を「順次切替」、「申し込み」を「変更手続」と言い換え、「ご理解ご協力」という言葉で、セールスでなくビジョンへの協力を仰ぐという切り口にした。パンフレットには「全ての方に確認をお願い」というテキストで、お役所的なマスト感を演出。返信用はがきを同封し、はがきには手続きを「します」「しません」の2択を設けることで、回答を後押しした。制作物にはすべて再生紙を使い、SDGsを体現した。

左から、ダイレクトマーケティングゼロの田村 雅樹氏、森永乳業の北村 有紀氏、ダイレクトマーケティングゼロの山本 太一氏、阿部 綾子氏

目的	主に継続顧客化
DMの役割	上位商品への買い替え促進（アップセル）
発送数	1万7646通
効果	レスポンス率（申込数）約70%
他媒体との連携	Eメール、専用LP
ターゲット	森永乳業「大腸のキホン」の定期購入顧客

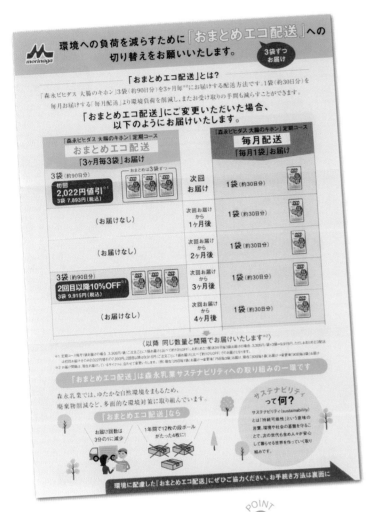

POINT 3

同封の返信用はがきには、手続きを「します」「しません」の2択を設け、回答を迫った。

基礎情報

☑ 企業概要
（主な商品、サービス、ビジネス内容）
牛乳、乳製品、アイスクリーム、飲料その他の食品等の製造、販売

☑ ダイレクトマーケティングツールの活用状況
販促のため継続的に使用。

なぜDMを使用したのか
まとめ買い促進のオファーのため。

実施効果

企業の取り組み姿勢への共感で
レスポンス率は約70%を達成

レスポンス率は約70%で返信した人のうち85%が賛同したことからLTVは約4割向上し、配送費率は3分の1に。インターネット上では、DMそのものや企業としての取り組み姿勢を称賛する投稿が見られ、「SDGsの取組はさすが」「協力します！」といった声の他、「諸事情で協力できず申し訳ない」という協力できないことをわざわざ詫びる声までが聞かれた。

審査会の評価点

戦略性	/	★★★★☆
クリエイティブ	/	★★★☆☆
実施効果	/	★★★★☆

審査委員講評

個人的には今年一番気に入ったDMでした。昔から通販では毎月の定期コースよりも、3カ月おまとめコースの方がLTVが約1.5倍高いと言われています。通販業界は「コテコテに3カ月おまとめコースにしたら割引！」みたいなノリが多いのですが、落ち着いてSDGs訴求をするテクニックには脱帽でした。　　加藤公一レオ

• DM診断 •

ここが秀逸！

配送コスト削減のために、定期購入している商品の配達期間を現状の毎月から3カ月ごとに変更してほしいというお願いを、ストレートに伝えた珍しいDM。その正直さが顧客に伝わり、効果もレスポンス率約70%と高い結果につながった。変更の受付をハガキ、Web、電話と多く用意した親切さも評価できる。配達期間の変更を「エコ配送」と名づけ、SDGsと関連づけたことも、時事的な関心を持つ顧客に共感を与えたのではないだろうか。

まちの水道工事店から届いた
丁寧で親近感がわく手書き風DM

コロナ禍で周りに彩りを!
ペーパーブーケ消臭DM

>> 広告主　ヤマテツRising
>> 制作者　コトブキ印刷

staff　Adv／C 山本 敦子　CD／Dir／AE 宗藤 正典　AD 宗藤 利英　D／PI 岡田 里穂

POINT 1
トレーシングペーパーの封筒でペーパーブーケが透けて見えるようにし、開封を促した。

POINT 2
消臭効果を付与したペーパーブーケで、印象アップと保管されることを狙った。

謹啓　時下ますますご隆昌のこととお慶び申し上げます。
平素は、格別のご愛顧を賜りまして厚くお礼申し上げます。
さて、弊社は令和元年9月20日の創業以来、2年半が過ぎようとしています。
創業当初は、右も左も分からず不安でしたが、新しい道でスタートを切ろうと
決心した時の思いと、皆様のご支援で今日まで前に進んで来れました。
心より感謝申し上げます。
これからも初心を忘れず、小さいことからまあまあ大きな事まで、皆様に
喜んで頂けるようコツコツと一生懸命に取り組んでまいる所存です。
皆様には、今後共これまで同様のご愛顧を賜りますよう宜しくお願い申し
上げます。
令和4年3月　　　　　　　　　　　　　　敬白
　　　　　　株式会社ヤマテツRising（ライジング）
　　　　　　　代表取締役　山本哲也

追伸
弊社オリジナルのペーパーブーケとお客様感謝クーポン券を同封させていただき
ました。こんな時代だからこそ、みなさまの周りに少しでも彩りを思い、ささやかで
すがお届けさせていただきました。
消臭効果もございますのでトイレやお部屋に飾っていただけますと幸いです。
また、ホームページも新たにオープンしましたのでよろしければご覧ください。

戦略性

**創業2年半の水道工事店の
認知度を上げ親近感を持ってもらう**

　2年半前に創業したばかりで会社としての認知度が低かったため、新会社の認知度を向上させることや、親近感や安心感といったイメージを持ってもらい、受注につなげることが課題だった。そこで、DMで丁寧な挨拶を届けるとともに、日常で起こりやすい小さな困りごとをイラストで表現した冊子を同封し、具体的に何が相談できるのかを伝えた。また、家の中のわかりやすい場所に長期保管し、いざという時に思い出して電話してもらえるよう、消臭効果のあるペーパーブーケも同封。さらに、注文促進のクーポン券で発注の背中を押した。

クリエイティブ

**ペーパーブーケで印象アップ
受注につながるデザイン設計に**

　コンセプトは「コロナ禍のこんな時代だからこそ、皆様の周りに彩りを!」。花を贈られると誰しもうれしい気持ちになると考えたことから、ペーパーブーケを発案。そこに消臭効果を加えることで、好印象を与えると同時に保管の実現も狙った。封筒にはトレーシングペーパーを使い、ペーパーブーケが透けて見えるようにして開封を促した。内容は丁寧な挨拶から始まり、仕事内容を伝えるイラストパンフレット、割引クーポンと、AIDA（Attention-Interest-Desire-Action）の流れになるようなデザイン設計とした。また、DM発送前に自社Webサイトと公式LINEも立ち上げ、DMでその誘導も行った。

実施効果

**クーポンを使用した発注が32件と
目標を大きく上回る成果を獲得**

　レスポンス数（問い合わせ件数）は70件、

左から、コトブキ印刷の宗藤 利英氏、岡田 里穂氏、宗藤 正典氏

目的	主に継続顧客化
DMの役割	注文促進(クロスセル)・顧客コミュニケーション・上位商品への買い換え促進(アップセル)・Web・モバイル誘導・休眠顧客の活性化・来店誘導・ロイヤル顧客化
発送数	524通
効果	レスポンス率(問い合わせ)13.36%、受注件数32件
他媒体との連携	自社Webサイト・公式LINE
ターゲット	広島県神石高原町に暮らす人々

基礎情報

☑ 企業概要（主な商品、サービス、ビジネス内容）
水道工事業(井戸ボーリング、お風呂、キッチン、トイレ、ボイラー、洗面台など水回りの困りごとの解決)

☑ ダイレクトマーケティングツールの活用状況
認知向上や顧客コミュニケーション、販売促進などに活用

なぜDMを使用したのか
デジタルのコミュニケーション手段が主流だが、本当に想いを届けたいときは「手書きのお手紙」ではないかと考えている。泥臭い印象もあるが、だからこそ伝わるものがある。

POINT 3
日常で起こりやすい困りごとをイラストで表現し、相談内容の具体的なイメージを伝えた。

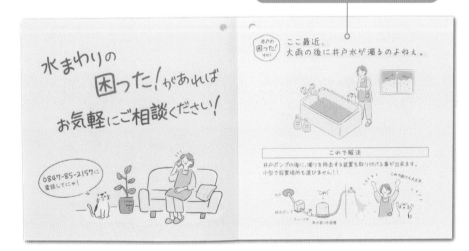

審査会の評価点
戦略性 / ★★★☆☆
クリエイティブ / ★★★★☆
実施効果 / ★★★★☆

審査委員講評
「井戸水が濁ったときの対応」「冬は浴室が寒い」といったその地域あるあるな身近なニーズをまとめた手作り風のパンフレット(保存用穴付き)が共感と安心感を伝えます。ペーパーブーケもいい味を出しています。　椎名昌彦

レスポンス率は13.36%。クーポンを使用した発注が32件、受注金額は120%増と、目標を大幅に超える成果が得られた。「消臭付きのペーパーブーケをトイレや玄関や居間や車に飾っている」「今までにないお洒落なDMでよかった」「水道工事店の既存のイメージとは違う会社の雰囲気が伝わった」など、直接声をかけてもらえる機会も増え、その後も継続した仕事の依頼につながっている。

・DM診断・
ここが秀逸!
新規立ち上げの企業を知ってもらおうと考え、DMを活用している。地域に密着していることを感じられる、丁寧であたたかみのあるクリエイティブや同梱のペーパーブーケから、企業姿勢が伝わったのではないだろうか。単発の受注にとどまらず、DMを記憶に残す工夫を含めることで長期的な効果も期待している点も評価された。コンテンツ勝負でデータドリブンのDMとは対極に位置するが、ターゲットに寄り添う、地に足がついたDMの代表例とも言える。

送付タイミングの工夫と訴求内容の絞り込みで、新規利用者が拡大

「話題のAmazonネットスーパー」利用促進DM

» 広告主　アマゾンジャパン（Amazonネットスーパー）
» 制作者　フュージョン、ディーエムエス

staff　CD 田村 亮子、矢野 真依子、小木 陽介　Dir 中嶋 佑也、細井 香奈子、藤田 雅也　AE 角谷 朋希、齋藤 大

POINT 1

封筒はAmazonを想起させるクラフト紙。

戦略性

動画広告で認知拡大後にDMを送付 ストアごとに異なるクーポンを用意

　Amazonネットスーパーの初回利用を促すため、DMを活用。デジタル動画広告によってAmazonネットスーパーの認知が拡大したタイミングでDMを送付し、サービス利用を訴求した。DMのターゲットは、Amazonプライム会員の中でも購買意欲が高いと考えられる顧客をセグメント。クリエイティブは過去のDMの実績も踏まえて制作し、ネットスーパーのストアごとに異なるクーポンを用意した。また、DMの送付時期は、外出をする人が増加するためにサービス需要が減少する大型連休を避けた。

クリエイティブ

あえて訴求内容をシンプルにし アクションを起こしやすく

　コピーやビジュアルは、デジタル動画広告との連動性を意識して制作。また、地域によって利用できるストアが異なり、かつストアによって訴求ポイントが様々であることから、一度に複数の情報を与えると顧客が混乱し、コンバージョンが低下することが懸念された。そのため地域別にクリエイティブをカスタマイズし、各ストアの魅力的な商品を視覚的にアピールする手法を取った。同封したクーポンは、2種類の形状を用意し、A/Bテストを行ってCPOの改善余地を検証した。

実施効果

新規顧客のトラフィック、注文数、売上がすべて向上

　DM送付直後の週から、新規顧客のトラフィック・注文数・売上が増加。また、DM

POINT
②
訴求内容は、ストアごとにカスタマイズした。

目的	主に新規顧客の獲得
DMの役割	Web・モバイル誘導
発送数	90万通
効果	新規顧客のトラフィック・件数・売上
他媒体との連携	デジタル動画広告(YouTube・SNS)
ターゲット	Amazonプライム会員の中からセグメント

基礎情報

☑ **企業概要**
（主な商品、サービス、ビジネス内容）
Amazonフレッシュ（ネットスーパー事業）

☑ **ダイレクトマーケティングツールの活用状況**
Amazonネットスーパー事業では2020年以降、マーケティングプロモーションとしてDMの取り組みを強化

なぜDMを使用したのか
デジタルでリーチできない顧客に情報を届けることができ、デジタルで情報を受け取っている顧客にはオフラインで付加価値を提供できる。それにより、興味向上や購買促進に寄与できる。

によってAmazonネットスーパーが利用できる地域だと知ってもらうきっかけになり、Amazonでライフ、バロー、成城石井が利用できることに対する驚きの声も聞かれた。DMをきっかけとする初回利用でサービスの利便性も感じてもらうことができ、リピート利用も増加している。

DMは、デジタル動画広告やインフルエンサー施策などデジタル上のタッチポイントを増やしたタイミングで送付したため、「広告で見たAmazonネットスーパーのクーポンが届いた」という反応も多く見られた。

審査会の評価点

戦略性	/	★★★★☆
クリエイティブ	/	★★★☆☆
実施効果	/	★★★☆☆

審査委員講評

Amazon＝ネットという印象があるところに、家のポストを開けたらクーポン付きのDMが届いているというのは、新鮮だと思います。近所のどの店から取り寄せられるかの情報が確実に届く、ネットスーパーとDMのいい関係を感じました。
秋山具義

・DM診断・

ここが秀逸!

目的であるネットスーパーの利用に誘導するための二次元コードだけでなく、サイトに遷移したあとの行動もDMで示されている。紙のDMとWebサイトのデザインが一体化しており、全体のプロセスがしっかりと設計されている。これからは、DMはDM、WebはWebだけという考え方では通用しなくなることがよくわかるDM。クリエイティブやオファーの伝え方についても、A/Bテストを実施しており、次の展開まで考えられたハイレベルな事例になっている。

デザイン制作会社ならではの
クリエイティブ力を伝える年賀状

ひとりでも、みんなとでも楽しめる
寅カルタ年賀状

» 広告主　Nano
» 制作者　Nano

staff　D 朝倉 幸子　C 三道 泰博

POINT **1**
パッケージ形状やカルタの帯などを工夫し、ポストに入るサイズに収めた。

ジョン・トラカルタ の使い方

コロナ禍でも安心
右記のQRを読み込んでいただければ、ちょっぴり微妙な機械音声による文字札の自動読み上げが可能。飛沫などの心配を軽減します。

おひとりさまでも楽しい!
微妙さがクセになる機械音声により、いつでもどこでもおひとりさまでも楽しめます。

SDGsに対応?
印刷部数を抑えることでSDGsにも対応? カルタセットは「あの組」「けの組」「おの組」「めの組」の中からランダムにお送りしております。なお他の札に関してはQRのリンク先からご覧いただけます。PDFにて入手も可能です。フルセットをご希望の方はお声がけくださいませ（部数限定）。

このカルタは「け の組」です

自動読み上げとフルデータ

POINT **2**
誘導先のWebでは読み札の自動読み上げ音声を配置した。

戦略性

年賀状で企画力とデザイン力を訴求
自然な形でWebへの誘導も

　新年の挨拶だからこそ、デザイン制作事務所としてインパクトを与え、興味を持ってほしいと企画。DMは一人で見るのではなく、複数人が見る、話題を共有することによって認知の拡大ができるものと考え、企画力とデザイン力を見せる年賀状とした。また、パッケージデザインの受注を目標とし、箱状のデザインにもこだわった。

　年賀状であるため、「干支」と「年賀切手」の使用を前提に、「寅年のカルタ＝ジョン・

トラカルタ」（俳優のジョン・トラボルタのもじり）を立案。全ての絵札にトラと関連する内容を落とし込み、イラストも全て自社制作した。さらに、Web上に読み札の自動読み上げ音声を配置し、Webに誘導するとともに、一人でも複数人でもカルタを楽しめるようにした。

クリエイティブ

絵札は幅広い世代の人が楽しめるよう
幅広いワードやイラストを考案

　カルタの絵札は、幅広い世代の人に楽しんでもらえるよう、時事ネタや懐かしいネタ、

トリビア、パロディなど、トラに関連する幅広い言葉やイラストを考えた。また、最終的にポストに入るサイズにしつつ、カルタが中でバラバラにならないように、パッケージ形状やカルタの帯などを工夫。絵札はすべて封入するのではなく、4種類（1種類14枚）に分けて送付したため、ネタの方向性や世代感が偏らないよう分類した。また、自動音声にもクスリと楽しめる工夫を凝らした。

実施効果

送付先の半数からレスポンスを獲得
絵札も社内の話題化に大きく寄与

POINT
3
幅広い世代の人に楽しんでもらえるよう、トラに関連する幅広い言葉やイラストを考えた。

目的	主に継続顧客化
DMの役割	自社PR
発送数	120通
効果	レスポンス率50%（お礼のメールや電話）
他媒体との連携	自社Webサイト
ターゲット	クライアントや外注先、日々お世話になっている人

基礎情報

☑ 企業概要
（主な商品、サービス、ビジネス内容）
デザイン制作会社

☑ ダイレクトマーケティングツールの活用状況
特定のターゲットに手に取ってもらえるツールとして活用

なぜDMを使用したのか
Web全盛の時代に、特定のターゲットに直接手に取ってもらえる。DMを入り口に問い合わせや購入、Webへの誘導など多くの役割がこなせる。個性を出して想いを伝えられることはデジタルにはない魅力。

送付先の50%からお礼のメールや電話などレスポンスがあり、顧客との関係継続や強化につながった。中でも、絵札の一部を配ったことで「他のも欲しい」という声が聞かれたり、お世話になっている人が複数人いる会社には絵札が重複しないように送ったことで、社内で全絵札を集めてもらうことができたりと、社内で話題にしてもらうことができた。
　さらに、新しいクライアントや外注先の新しい担当者との出会い、新規のDM案件やパッケージ制作案件の受注にもつながるなどの成果を得た。

審査会の評価点

戦略性	/	★★★☆☆
クリエイティブ	/	★★★★☆
実施効果	/	★★★★☆

審査委員講評
会社のカルタを配ったところで、実際に遊んでもらえることは期待薄ですが、ジョン・トラカルタという駄洒落は、好奇心を刺激して開封させてしまうでしょう。年始の訪問ではきっと言及されるので、新年をなごやかに始められそうです。
音部大輔

・DM診断・

ここが秀逸！
とんがったアイデアに制作会社らしさが表れている。年賀状というビジネス上の成果が問われない「場」を活用し、自由なクリエイティビティを遺憾なく発揮。クオリティの高い仕事ができる企業であることが伝わった。カルタの作り込みもこだわりが感じられ、時間と労力がかかっていることがよくわかった。パッケージから内容物まで統一感もあり、完成度が高かった。

緻密なパーソナライズDMで
発送後の顧客行動に変化

ROI前年比125%!
DMもWEBもパーソナライズ

» 広告主　アシックスジャパン
» 制作者　富士フイルムビジネスイノベーションジャパン、フュージョン

staff　Adv 髙岡 理世　AE 池田 歩　データアナリスト 森村 貴志、豊田 佳子、齋藤 敦　CD 富田 舞　Dir 吉川 景博

POINT
①
過去のDMよりも大判となるV型や
Z型の圧着ハガキを使用。

店舗とECの顧客データを統合し
頭打ちだったクリエイティブにテコ入れ

　課題は大きく2つあった。①店舗とECの顧客データが統合されておらず、DM送付後購買以外の顧客行動の計測もできていなかったこと。②店舗誘引施策として送付していたDMのターゲットが直近の売り上げ上位顧客のみ、かつDMのクリエイティブにも毎回変化がなかったことから、店舗誘引効果が頭打ちになっていたこと。これらに対し、Marketing Cockpitサービス(富士フイルムビジネスイノベーションジャパンが提供)を使ってまず店舗とECの顧客データや購買データ、Web行動データを統合。定期的な顧客の分類や

行動分析から、顧客の育成シナリオを導いた。

　新たな試みとして会員未登録の店舗顧客に登録を促すDMを送付。DM送付先のセグメント/オファー内容/クリエイティブの3つを緻密に設計した。特にセグメントを細かく設計した。課題だった新商品の購入につなげた。パーソナライズした二次元コードからWeb行動をトラッキングし、効果測定と行動分析も実施し、顧客理解を深めた。

過去のクリエイティブを一新
開封から会員登録への導線を工夫

　過去のDMは、定型サイズのペラやV字圧着ハガキに商品を掲載したシンプルなものが

多かったが、今回は大判に近いサイズのV型やZ型の圧着ハガキを採用。DMの内容も、顧客一人ひとりの名前を印字する特別感のある導入で開封を促す、会員登録による特典を大きく表示する、商品画像や開発のこだわりを掲載する、顧客層の年齢にも配慮して丁寧に会員登録方法の流れを案内するといった工夫を行い、開封から会員登録への導線をつくった。

新規会員が増え売上目標人数は126%に
ROIも前年比125%を達成

　新規会員の獲得DMは、売上計画に対して152%を達成。ECの会員登録ページにア

目的	主に継続顧客化
DMの役割	注文促進（クロスセル）・上位商品への買い替え促進（アップセル）・Webやモバイルへの誘導・休眠顧客の活性化・来店誘導
発送数	8万5000通
効果	ROI前年比125%
他媒体との連携	Webサイト
ターゲット	自社ECサイト（OneASICS）非会員・新商品と親和性の高いセグメント

左から、富士フイルムビジネスイノベーションジャパンの池田歩氏、アシックスジャパンの髙岡理世氏、富士フイルムビジネスイノベーションの森村貴志氏

POINT 2
顧客一人ひとりの名前を印字し、特別感を演出。

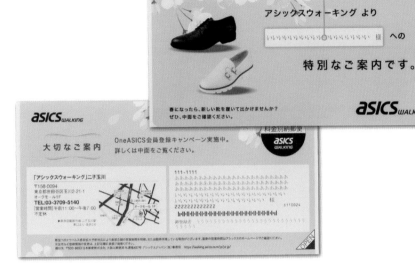

POINT 3
会員サービス登録の特典を目立つように記載。

POINT 4
パーソナライズした二次元コードからアクセスを促し、店舗とWebの顧客データを統合。

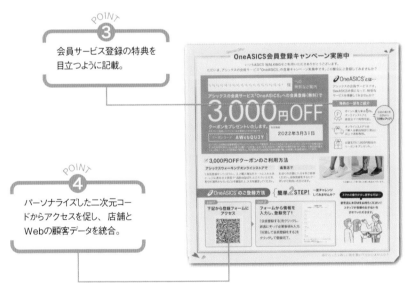

基礎情報

☑ **企業概要**
（主な商品、サービス、ビジネス内容）
各種スポーツ用品等の製造および販売

☑ **ダイレクトマーケティングツールの活用状況**
オムニチャネル推進、データドリブンマーケティング強化、パーソナライズコミュニケーションの実現に活用。

なぜDMを使用したのか
保存性、送付できる確実性、紙が伝える要素が魅力。発送から期間が空いても駆け込み行動が毎回見られるなど、顧客の行動変容に繋がっている。

クセスした人の離脱を防ぐため、DMからアクセスした人のみにポップアップを出してクーポンの利用を誘導。ポップアップなしと比較して、遷移率を10%、会員登録率を3.3%改善し、売上目標人数達成率126%を実現した。

新商品案内のDMでは、同カテゴリーの中では機能性が高く高単価な商品だったが、売上は発売から3カ月で計画比1.4倍、ROIは前年比125%を達成。店舗にDMを持参する人も増加した。

審査会の評価点

戦略性	/	★★★★☆
クリエイティブ	/	★★★☆☆
実施効果	/	★★★★☆

審査委員講評

店舗とEC顧客をマージし行動追跡によってWeb表示を変える手法は先行事例もありますが、緻密に設計したセグメント毎にDMクリエイティブを分け動的コミュニケーションによって計画比1.5倍の好成績を出した育成シナリオは脱帽です。　　　　　　　　上島千鶴

・DM診断・

ここが秀逸!
店舗とWebの顧客データを統合した成果が表現されたDMになっている。オンデマンド印刷によりオファーをパーソナライズしただけではなく、二次元コードや会員登録サイトへの遷移後のターゲットに合わせたクーポン表示などもパーソナライズし、成果につなげるとともにDM効果がサイトアクセスを通じて把握できるようにしたところが先進的。DMを起点に、デジタルを連動させる現代的なプロモーション施策になっている。

"できる営業担当者" を参考にしたDMで
美容室に商品リニューアルを告知

継続&休眠活性!
「Landcare」新商品告知DM

» 広告主　三口産業（ミアンビューティー）
» 制作者　ガリバー

staff　Adv 梅崎 麻美　D 深田 由紀　AE 北澤 ゆりか、井上 大輔

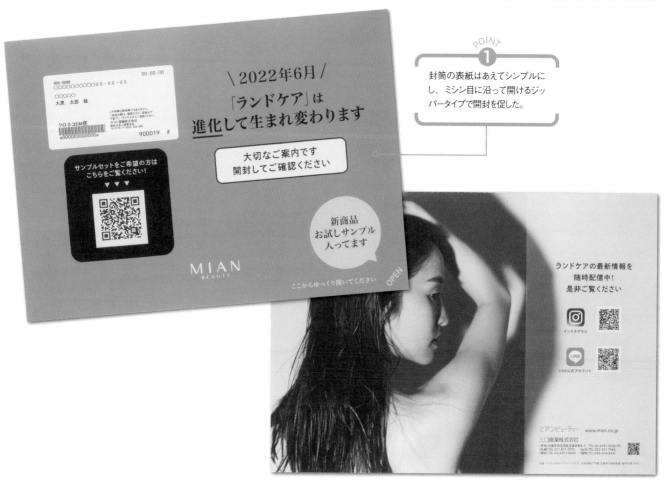

POINT 1

封筒の表紙はあえてシンプルにし、ミシン目に沿って開けるジッパータイプで開封を促した。

戦略性

営業担当者の手法を参考に
DM発送後のフォローを効率化

　ヘアケア製品「Landcare」のリニューアルに伴い、利用実績がある美容室に再導入や継続利用を促すDMを送付。DM発送後のフォローの効率化が課題のひとつだったが、できる営業担当者がしている定期的な顧客とのコミュニケーションを参考に、発送と訪問のタイミングを事前に設定し、購入に至るまでに要する時間や接触頻度の最適化を図った。また、休眠サロンの掘り起こしという課題もあったが、DMに宛名に紐付けたパーソナラ

イズ二次元コードを印字し、Webアクセスログの取得ができるようにしたことで、読み取りのあった美容室を見込み顧客として可視化。そこに営業担当がサンプルセットを持って訪問することを、フローの一部に組み込んだ。

クリエイティブ

自社が伝えたい情報ではなく
受け取り手が知りたい情報を記載

　DMの表紙はあえてシンプルにし、中に製品のサンプルを入れて膨らみを持たせることで、何が入っているのかという興味を引いて

開封を促した。封筒はミシン目に沿って開けるジッパータイプを採用し、スムーズな開封を後押しした。

　DMに記載した内容は、自社が伝えたい情報ではなく、「Landcare」の世界観を崩さないことを意識しつつも、美容師が知りたい情報に絞った。デジタル対応が難しい美容室もあるため、レスポンスツールはハガキとWebの2通りを用意した。

実施効果

二次元コードから見込み顧客を選定
優先順位を付けて営業を効率アップ

目的	主に継続顧客化
DMの役割	上位商品への買い換え促進（アップセル）・休眠顧客の活性化
発送数	3,669通
効果	レスポンス率（注文件数）11.72%
他媒体との連携	Webサイト
ターゲット	ヘアケア製品「Landcare」を導入・利用したことのあるサロン

基礎情報

☑ 企業概要
（主な商品、サービス、ビジネス内容）
美容室専売品の開発・製造・販売事業等

☑ ダイレクトマーケティングツールの活用状況
商品のリニューアル等のタイミングで告知のため活用

なぜDMを使用したのか
代理店仕入れの商品が多い中、ダイレクトに美容室に商品情報を発信できる直送商品だからこそDMを活用した。

POINT 3
レスポンスツールはハガキとWebの2通りを提供。

POINT 2
サンプルの同封で開封を促すとともに、サンプルセットの請求につなげた。

　事前のアンケートで購入前に製品を試したいといった回答が多かったため、DMにサンプルを封入。その結果により、サンプルセットの請求は430件にのぼり、申込率もアップした。また、二次元コードからアクセスしたものの申し込みには至らなかった美容室を見込み顧客とみなし、優先的にフォローを行ったことで、さらなる申し込みにつながった。このように、DM発送後のフォローに優先順位をつけたことが効率のいい営業活動に繋がり、製品の再導入や継続率が増加した。

審査会の評価点

戦略性	／ ★★★☆☆
クリエイティブ	／ ★★★☆☆
実施効果	／ ★★★★☆

審査委員講評

顧客の購入意欲をうまく引き出すDM施策だと思いました。最初に小さなサンプルで開封をしっかりさせ、二次元コードでさらに購入意欲の高い層をデジタル誘導で可視化させています。2段階のサンプル提供DMを組み合わせた点も素晴らしいです。　　　　　藤原尚也

・DM診断・

ここが秀逸！

シンプルなハガキや封筒とは違う大型の形状にすることで視認性と開封率の向上を狙ったところがいい。美容室向けということで、ターゲットが知りたい情報を丁寧に伝え、購入前に試してみたいというアンケートの結果に対応し、サンプルを封入したことの効果は数字にも表れている。問い合わせ先もWebだけではなくハガキでも受け付けたところには配慮を感じた。意外にアナログだという業界の特性を理解し、紙のDMを活用した好例。

顧客視点で送付タイミングを見直し
機種変更数がアップ

お客様の更新時期に合わせた自動発送で
獲得率UP

» 広告主　ソフトバンク
» 制作者　大日本印刷

staff　Adv 亀甲 将吾　CD／Dir 坂中 涼葉　AD／D 青木 かずえ　AE 小川 めぐみ

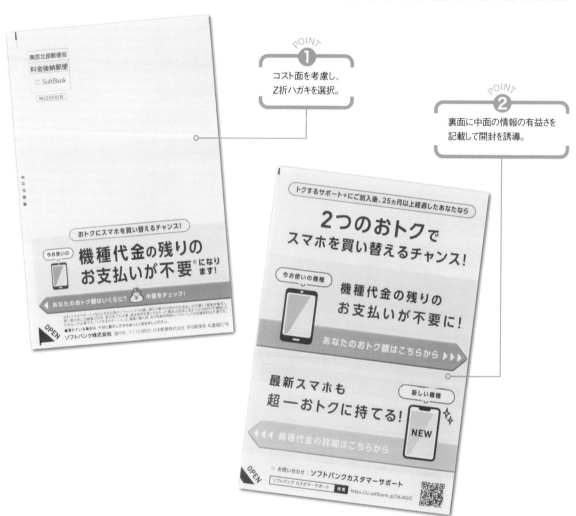

POINT 1
コスト面を考慮し、
Z折ハガキを選択。

POINT 2
裏面に中面の情報の有益さを
記載して開封を誘導。

戦略性

**顧客視点で送付タイミングを見直し
社内外のシステムを調整**

　携帯端末を48回分割払いで購入し2年経過すると、機種変更の際に旧端末の残りの代金の支払いが不要になるサービス「トクするサポート」を案内するDMを、2年経過した顧客に送付し機種変更を促していた。もともとは月に1回対象者にまとめてDMを送付していたが、中にはDMが手元に届いてすぐに機種変更をしなければ特典を最大限享受できない人もいた。そこで、社内フローの見直しや、社内外のシステムとの調整を行い、月3回に分かれている顧客ごとの支払日に合わせてDMを自動発送できるようにした。

クリエイティブ

**裏表紙で中面の情報の有益さを明示し
Z折ハガキの開封を誘導**

　コスト面も考慮し、Z折ハガキの仕様を採用。記載内容をそぎ落としながらも、中面にいかに興味を持ってもらうか、誘導できるかを重視し、裏面には、このDMがどのように有益なのか、その有益な情報がどこに書いてあるのかがわかるよう、矢印や色などを駆使して中面への誘導を行った。

実施効果

**サービスを思い出すきっかけに
機種変更にスムーズに誘導**

　機種変更数は、本施策実施前と比べて110％、目標対比では147％と、いずれも効果が見られた。また、「トクするサポートに

目的	主に継続顧客化
DMの役割	上位商品への買い換え促進（アップセル）
発送数	非公開
効果	実施前と比べ機種変更数110%
他媒体との連携	SMS
ターゲット	前回機種変更してから2年が経過した顧客

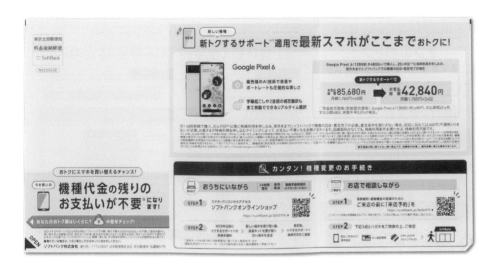

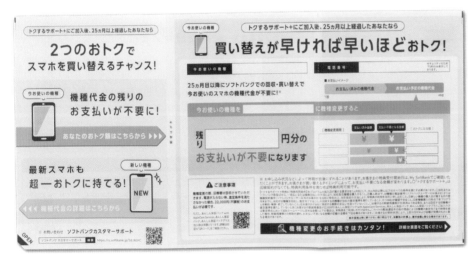

基礎情報

☑ 企業概要
（主な商品、サービス、ビジネス内容）
移動通信サービスの提供、携帯端末の販売等

☑ ダイレクトマーケティングツールの活用状況
顧客コミュニケーションのため、継続的に活用

なぜDMを使用したのか
きめ細かなターゲティングが可能、かつ効果を明確な数字で把握できるため。

審査会の評価点

戦略性	/	★ ★ ★ ☆ ☆
クリエイティブ	/	★ ★ ☆ ☆ ☆
実施効果	/	★ ★ ★ ★ ☆

審査委員講評

「トクするサポート」で支払いが不要となる実額をパーソナライズしてお得感を伝え、DM発送を月1回から月3回へとシステム変更することでターゲットの支払日に合わせた最適なタイミングでのアプローチで効果を上げています。

椎名昌彦

入っていることを忘れていた」といった声も聞かれ、狙った通りDMによって機種変更を見直すタイミングであるという気づきを与えることができたという。社内外のシステム調整に伴い、個人情報の抽出においても社内外でシステム連携ができるように手配したことで、担当者が個人情報に直接触れる必要がなくなり、セキュリティ面の強化にもつながった。

・ DM診断 ・

ここが秀逸！

顧客の決済日に合わせた発送と、契約期間・内容に応じたオファーをそれぞれパーソナライズした、きめ細かい配慮が感じられるDM。携帯電話会社の課題である継続率向上を意識した戦略が伝わった。受け取り手の行動への意欲を刺激することに成功し、機種変更数目標対比147%、従来のプログラムとの比較でも110%とパフォーマンスも素晴らしい。顧客データの有効活用という点でもさすがと感じさせられた。

顧客セグメント別にDMを作り分けて勝ちパターンを発見

レスポンス率1.5倍！顧客セグメント別リピート促進DM

» 広告主　北海道産地直送センター
» 制作者　富士フイルムビジネスイノベーションジャパン、プラナクリエイティブ

staff　Adv 坂牧 一静　CD 渡辺 武　AD 森山 結衣　D 中野 茂夫　C 渡辺 武、森山 結衣
PI 守田 広太　Dir 齋藤 愛　AE 永田 亮、町田 央衡、久保田 健、國部 哲久

POINT 1
大判のDMを透明の封筒に入れ、シズル感を訴求。

POINT 2
格調の高さを求める顧客向けのクリエイティブ。百貨店のような雰囲気で、高級感を伝えた。

戦略性

クリエイティブテストを繰り返し勝ちパターンを模索

　既存顧客に対するリピート促進のDMで、高いレスポンスの安定的な獲得と売上の最大化を図るため、顧客の行動や嗜好分析をもとに顧客セグメント別のシナリオを策定。クリエイティブテストとブラッシュアップを繰り返すことで、勝ちパターンとなるクリエイティブを探った。また、DM送付後にアウトバウンドコールを実施し、クロスセルにつなげた。

クリエイティブ

高いレスポンスと売上を獲得できる2種類の勝ちクリエイティブを発見

　大判のDMを透明の封筒に入れ、食品ならではのシズル感をより印象的に伝えることで、顧客の目に留まりやすいよう工夫した。また、クリエイティブテストによって、顧客セグメントごとに最適な表現や配色などの"勝ちクリエイティブ"を抽出。一つは、格調の高さを求める顧客に合わせて百貨店からの案内のような雰囲気を演出し、語りかけるような表現で商品の高級感やこだわりを伝えた。もう一つは、家族が集まって食べる特別なひとときを想像させる賑わいやその楽しげな表情をメインビジュアルに据え、おいしそうな調理写真とともに、情景をコピーで表現した。

左から、永田 亮氏、町田 央衛氏（以上富士フイルム）、坂牧 一静氏（北海道産地直送センター）、森山 結衣氏、渡辺 武氏、久保田 健氏（以上ブラナクリエイティブ）

POINT ③
家族の特別なひとときを想像させるクリエイティブ。家族のショットとおいしそうな調理写真で情景を伝えた。

目的	主に継続顧客化
DMの役割	注文促進（クロスセル・アップセル）・休眠顧客の活性化
発送数	2万通
効果	反応率は通常DMの1.5倍、単価は1.2倍に向上
他媒体との連携	電話（アウトバウンド）
ターゲット	既存顧客

基礎情報

☑ 企業概要（主な商品、サービス、ビジネス内容）
産地から直送販売する通信販売や卸事業等

☑ ダイレクトマーケティングツールの活用状況
顧客との関係構築のために活用

なぜDMを使用したのか
食品通販の課題であるリピート率の低さを解決するため、DMを通して顧客との関係構築を行うと同時に、「北海道の食材なら北海道産地直送センター」と感じてもらう。

実施効果

レスポンス率は通常のDMの1.5倍に電話の併用でクロスセルも促進

通年実施しているDMと比べ、レスポンス率（注文数）は1.5倍、購入単価は1.2倍に向上。また、幅広い価格帯の商品を掲載することで、送料無料となる金額を超える組み合せ購入への誘導にもつながった。DM送付後にアウトバウンドコールを行うことでクロスセルがしやすくなり、全体の売上拡大に貢献した。このテストを通じて継続的にPDCAを回すサイクルを確立することで、根拠に基づいたDM戦略が立てられるようになった。

審査会の評価点

戦略性	/ ★★★★☆
クリエイティブ	/ ★★★☆☆
実施効果	/ ★★★☆☆

審査委員講評

顧客の行動・嗜好分析をもとに顧客セグメント別のシナリオを策定し、DMのクリエイティブテストを繰り返した上でのDM設計展開が非常に素晴らしいです。また、受け取り手のイメージを明確にしたクリエイティブ、食品ならではの食欲をそそるシズル感ある写真が、購買意欲を掻き立てるものに仕上がっております。さらにPDCAを回し、パワーアップした作品が来年もエントリーされることを楽しみにしております。　宮野淳子

・DM診断・

ここが秀逸！
一見すると特別なDMには見えないが、その裏では顧客の購買履歴データなどからクリエイティブを最適化し、送り分けている。データ分析と訴求や表現を組み合わせて戦略的に成果を目指した現代的なDMのモデルになっている。今回の施策によってレスポンス率が1.5倍、売上も1.2倍になっており、効果もしっかり出ている。データの取得と、その分析によってターゲットのインサイトを洗い出し、細かくカスタマイズしたクリエイティブで成果を上げる手法はこれからのDMの定番になっていくだろうと感じられた。

子どもの成長に合わせたDMで
スマホデビューを獲得

こどもの成長と親の悩みに応える
複数年のDM戦略

》広告主　ソフトバンク
》制作者　凸版印刷、大日本印刷

staff　Adv 杉原 渚　CD 金子 浩巳、坂中 涼葉　AD／D 古川 敏史　PI 原 佳菜子
Dir 坂中 涼葉　AE 野田 早紀奈、丹羽 祐佳子、舛岡 卓

POINT
子どもの年齢に応じてクリエイティブを変え、DMを出し分けている。

POINT
中面ではマンガでわかりやすく訴求。

目的	新規顧客獲得と継続利用の促進
DMの役割	直接申し込みの獲得
発送数	非公開
効果	スマホデビュー獲得率11.2%
他媒体との連携	SMS、LINE、Instagram

審査委員講評

子どもにスマホを持たせる親の不安に寄り添い、子の成長とともに起こりうる悩みを払拭させるストーリーが秀逸。ルールづくりなど、DMをきっかけに家族皆で話し合う場を提供することで、つなげる役割を果たしています。

明石智子

戦略性・クリエイティブ・実施効果

子どもの年齢に応じて5種類のDMを出し分け

ソフトバンクは、子どもがいるユーザーを対象に、子どもの成長に合わせて5種類のDMを出し分け、新規顧客の獲得を目指した。近年の格安スマホの台頭やスマホ契約数の飽和により、厳しい市場環境が続いている。同社は子どもが12歳になるまで毎年PayPayポイントを送る「子育て応援クラブ」やGPS付きの小型携帯電話「キッズフォン」を入り口と捉え、子どもが成長したときに同社で契約し、その後も継続して利用してもらう目的でDM施策を実施した。

ターゲットを「子どもがいそうな人」「子どもの年齢が5〜9歳」「同10〜12歳」「キッズフォン利用中」「スマホデビューから1年経過した人」に分類し、それぞれに合わせたメッセージのDMを送付した。

クリエイティブではスマートフォンを持たせる親の気持ちを動かすことを重視。スマホが子どもにとっても必需品であることや、親にとってもメリットがある（子育て応援クラブで毎年PayPayポイントが進呈されるなど）ことをイメージしやすいように、具体的な事例を多数掲載した。

DM送付と連動して、SMSやLINEでのリマインドも実施。子育て中のインスタグラマーにPR記事を依頼するなど、DMが届いていない層へのリーチも目指した。

一連の施策の結果、10〜12歳のスマホデビュー獲得率が11.2％を記録。若年層の獲得と1年後の解約抑止にもつながった。

・DM診断・

ここが秀逸!

顧客データを元に、子どもの有無や年齢によって内容を変えたパーソナライズDMだが、データを持っていることの強みが感じられる。親が子どもにスマートフォンを持たせる、あるいは持たせるかどうか悩んでいる際の懸念を丁寧に排除し、メリットを訴求するコンテンツ内容も気が利いている。

パーソナライズ動画の視聴体験から
セミナー参加につなげる

二次元コード読取率25％超！
究極のパーソナライズDM

左から、クイックスの太田 英次氏、リコージャパンの畠中 竜吾氏、クイックスの加藤 明宏氏

» 広告主　リコージャパン
» 制作者　クイックス

staff　Adv 畠中 竜吾　CD 加藤 明宏　D 柳川 晃義　AE 太田 英次

POINT
A5サイズ手帳を再現したクリエイティブ。

POINT
二次元コードからパーソナライズ動画を体験できる。

目的	セミナー集客からの案件創出
DMの役割	インビテーション
発送数	313通
効果	セミナー申込率13.7％
他媒体との連携	動画、Webサイト、メルマガ

審査委員講評

手帳の中にリアルな付箋やカレンダーや名刺をレイアウトさせたユニークなDMです。「離席中にリコージャパンの担当営業からセミナーの案内があり、付箋メモを見た経営層がスケジュール帳に予定を書き込む」ストーリラインが素晴らしかったです。　　　　　　　　　加藤公一レオ

戦略性・クリエイティブ・実施効果

DMに記載の二次元コードから
パーソナライズ動画に誘導

　リコージャパンは、新サービス「1to1動画生成ソリューション PRISM」紹介のためのセミナー集客を目的に、印刷会社の経営層や新サービスの企画担当者宛にDMを発送した。

　DMは、経営層のスケジュール帳をイメージ。「離席中にリコージャパンの担当営業らセミナーの案内があり、付箋のメモを見た経営者がスケジュールに参加予定を書き込む」というストーリーを仕立て、受け取った顧客が取るべき行動へ自然に誘導した。表面と中面に担当営業の名前と顔写真を入れるこ

とで、顔の見える安心感と親近感を演出した。

　新サービスによるパーソナライズ二次元コードも記載し、実際にDMからパーソナライズ動画が体験できるようにした。DMの送付後にはメルマガも配信し、セミナー申し込みのWebサイトを重ねて案内することで、申込率向上につなげた。

　パーソナライズ動画の視聴者数、完全視聴数を計測したところ、DMを受け取った25％以上がパーソナライズ動画ページを表示、そのうち85％が動画を視聴していた。視聴した顧客からは、セミナー開催前に「1to1動画生成ソリューション PRISM」を活用したDMへの問い合わせや実際にDMを作りたいという声が寄せられ、セミナーの申込率も13.7％に達した。

・DM診断・

ここが秀逸！

　不在中に電話があったときをイメージしたメモと、スケジュール帳にセミナーの予定が書き込まれているクリエイティブのギミックがよくできていた。パーソナライズ二次元コードによってターゲットの関与度を高める仕組みも考えられている。コロナ禍以降の電話営業、訪問営業を補完する機能としてDMの有効性を感じさせる施策。

DM AWARD 2023
銅賞
BRONZE
★

過去最高の入会率を記録した記憶に残る「すごろくDM」

「体験」で理解を深める ワンランク上のゴールドカード入会促進DM

左から、イムラの福田 大棋氏、武 数馬氏、床井 奈美氏

≫ 広告主　**クレディセゾン**
≫ 制作者　**イムラ**

staff　Adv 植田 直宏、喜多村 明日香、田村 菜緒　CD／Pl 床井 奈美　AD／D 島村 菜那　Dir 武 数馬　AE 福田 大棋

ポイント獲得
体験盤
遊び方＆駒台紙

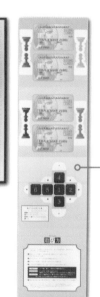

POINT

DM全体をゴールドを基調に制作。

POINT

ゴールドカードのある生活を体験できるオリジナルすごろくを封入。

目的	上位会員へのゴールドカードの入会促進
DMの役割	直接申し込みの獲得
発送数	28万9740通
効果	レスポンス率2倍以上
他媒体との連携	Web

審査委員講評

定期施策でありながら、お客様視点に立ち返って「行動変容につながる要素」を考え、よく練られたDMです。体験盤で興味が沸き、ゲームを通じて理解が深まり、入会率も過去最高、保存率の高さから反響が長期に…何も言うことがありません。　　　　　上島千鶴

戦略性・クリエイティブ・実施効果

ゲームによる「体験」で メリットの理解を促進

クレディセゾンはセゾンカード上位会員を対象に、定期的にゴールドカードへのグレードアップを促すDM施策を実施してきた。これまでも通常カードとの特典の違いや、一定金額を利用すれば実質年会費が無料になるなどわかりやすいメリットを告知していたが、目標とする数値には届かない現状であった。

そこで、入会率向上を目指しクリエイティブを見直した。従来はメリットをすべて盛り込んだ冊子を送付していたが、理解のためには読み込みが必要だったため、より理解しやすい仕組みとして「体験」に着目し、すごろく型のボードゲームを同封。文章を読むの

ではなく、ゲーム体験を通じてメリットが理解できるよう設計した。DM全体を「ゴールドカードのある生活を体験」というテーマで統一し、金を基調としつつ、オファーには赤のカラーを使用し視覚的な効果も演出した。DMの世界観を踏襲した申し込み専用サイトを用意し、二次元コードからの誘導、申し込みまでの導線を作り込んだ。

DMにすごろくが封入されているというインパクトから、SNSでは写真と共に拡散。DM後のアウトバウンドでも認知率、保管率共に高かった。ゲームを通じて自身の「体験」に置き換えることで、具体的な利用シーンまでイメージできるように工夫した。その結果、伸び悩んでいたレスポンス率が通常の2倍以上と飛躍的に伸長させることができた。

・ DM診断 ・

ここが秀逸!

ゴールドカードの入会促進DM。ゴールドカードのメリットを同梱のすごろくのマスに記入し、遊びながら情報に触れる構成がよかった。原寸大のカードなど、DMを受け取ったことを誰かと共有したくなるようなクリエイティブに上手さがあった。効果の面でもレスポンス率を高めることに成功したほか、過去最高の入会率を実現したことも評価ポイント。

DM AWARD 2023
銅賞
BRONZE
★

手書きのあたたかみを感じる
お便りDMで顧客との絆を深める

ねきにたう
～お客様と弊社を繋ぐ～

左から、戸田被服の新井 美晴氏、粟根 夢咲氏

» 広告主　戸田被服
» 制作者　戸田被服

staff　CD／AD／D／Pl／I 新井 美晴　D／I 粟根 夢咲

POINT

地方企業らしさや手書きによる
親しみやすさにこだわった。

POINT

高齢者の困りごとの解決を助ける
お役立ち情報も掲載。

目的	購入者のアフターフォロー
DMの役割	主に継続顧客化
発送数	100通
効果	注文数10件
他媒体との連携	Webサイト

審査委員講評

全体にあふれる手書きイラストや説明に、紙媒体と相まって、とてもあたたかい気持ちにさせられます。普段着のECで商品に同梱される冊子ですが、受け取った方はすみずみまで読みたくなるだろうと思います。商品を超え、サービスと会社全体を好きになりそうです。　音部大輔

戦略性・クリエイティブ・実施効果

**高齢者の困りごとの解決を助け
企業との距離が近くなるDM**

　広島県で婦人向けボトムスの企画・製造・販売を行う戸田被服は、ECサイトから商品を購入した顧客のアフターフォローを目的にDMを活用している。同社はウエストの総ゴム仕様の商品などを扱っており、高齢のお客様が多い。そうした顧客が日々の着用で感じるちょっとした困りごとの解決に役立つ情報を手書き冊子の形で送付した。

　DMの対象はECサイトからの購入者だが、同社では家族が高齢者にプレゼント購入するケースも多い。そのため、受け取った高齢者が自分で購入する際にECでは抵抗を感じるケースを想定し、電話注文が可能であるこ

と、代引きの現金支払いも可能であることや交換対応についても記載し、購入にあたっての安心感を伝えた。また、実際にやりとりを重ねたお客様の声も紹介することで、消費者に寄り添う企業であることを伝えている。

　クリエイティブ面では、企業や商品の情報を手書きで伝えることや、地方企業らしさ、洗練されていない手づくりあたたかみなど、親しみやすさにこだわった。

　DMの受け取り手からは「娘から贈ってもらったけれど自分で欲しくなった」「もっと商品について知りたい」「介護に疲れた心がほっとした。気持ちが晴れた」などの声が寄せられている。「過去のねきにたうも読みたい」という声に応え、Webサイトでのバックナンバー公開も始めている。

・DM診断・

ここが秀逸!

顧客へのアフターフォローのために作成・発送している冊子。直近の販売促進だけではなく、企業からお客様に対する「お便り」を送ることで関係性の構築を目指している。狭いターゲットとの深いコミュニケーションが実現し、他には追随できないものになっている。DMの究極は私信と言われるが、テクノロジーでそこに近づくものがある一方、クリエイティブで私信を目指した一例。社員の方が手作りで製作されていることも企業や社員の方々の人柄が伝わり、素晴らしい。

DM AWARD 2023
銅賞
BRONZE
★

店頭販売員の声を元にDMを改善
F2転換率が大きく伸張

タイミング・クリエイティブ改善に成功!
直感刺激DM

左上から、フュージョンの中嶋 佑也氏、ポーラの多賀 成美氏、フュージョンの石塚 友美氏、富田 舞氏

》広告主　ポーラ
》制作者　フュージョン

staff　Adv 多賀 成美　CD 富田 舞　Dir 石塚 友美　AE 中嶋 佑也

POINT

半透明のトレーシングペーパーは、「透明な素肌」をイメージさせ、同時に開封を促す効果も。

目的	顧客LTVの向上
DMの役割	注文促進(クロスセル)
発送数	9,917通
効果	DM経由のF2転換率が2倍に
他媒体との連携	Webサイト

POINT

研究員のコメントや使用動画を紹介し、効果の実感に繋げる紙面構成。

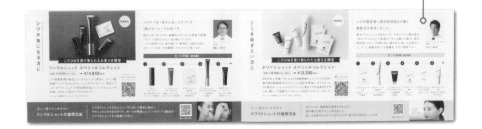

審査委員講評

従来圧着はがきで行われていたリピート促進の効力低下をブランド感のある封書DMでテコ入れに成功。使用方法の動画への遷移や開発者コメントで理解を高める手法でリピートとクロスセル双方に成果を上げています。

椎名昌彦

[戦略性・クリエイティブ・実施効果]

発送タイミングと形態の見直しで
F2転換率の改善に成功

　ポーラは、公式ECサイトから「リンクルショット」「ホワイトショット」を初回購入した顧客を対象に、2回目購入の促進とクロスセルを目指してDMを送付した。従来は購買間隔にかかわらず3カ月に一度圧着DMを発送していたが、F2転換率の鈍化が課題となっていた。そこで、顧客のLTV向上を目指し、顧客調査と店頭販売員へのヒアリングを実施。その結果「自分へのご褒美」と「効果の実感」をキーワードにDMの改善を行った。

　発送のタイミングを消費サイクルに合わせて初回購入品がなくなる時期とし、形態も圧着から封書へ変更。封筒はトレーシングペーパーを採用し、上品な印象を演出すると共に、前回購入商品が透けて見えることで開封の誘因を狙った。同封する冊子では研究員のコメントや使用方法の動画を紹介して効果を再確認できるようにした。DMを受け取った人限定のWeb(LP)も開設し、LP限定で購入できる商品(複数商品の入ったスペシャルセット)も用意し、クロスセル・アップセルへの導線とした。

　一連の見直しにより、DM経由のF2転換率は、2.8%から5.64%へと2倍に。継続購入した顧客の9割がスペシャルセットを購入し、併売率も3.2%から9.7%へと3倍に伸びた。

・DM診断・

ここが秀逸!

初回購入者向けに送っていたDMの改善策。ルーティン化していた施策にテコ入れし、クリエイティブを見直し、しっかりとした情報を伝えることで実施効果を高めた。圧着ハガキから封書へ形態を変え、併売商品のサンプルも付けてリピート購入のみならず、クロスセル率アップも目指した。DMからWebへの動線を整備し、サイト遷移率も上昇させた点もよかった。

DM AWARD 2023
銅賞
BRONZE
★

回覧票風のデザインで役所内の複数の担当者にセミナー周知

送り先は一人だけじゃない!?
関係者に回覧されるセミナー案内DM

左からネクスウェイの小瀬古 真人氏、細川 真衣氏

» 広告主　ネクスウェイ
» 制作者　ネクスウェイ

staff　Dir 小瀬古 真人　PI 細川 真衣

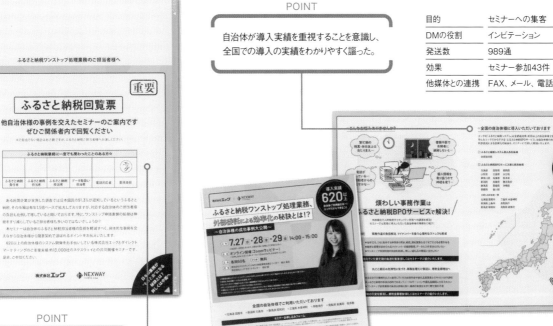

POINT

自治体が導入実績を重視することを意識し、全国での導入の実績をわかりやすく謳った。

目的	セミナーへの集客
DMの役割	インビテーション
発送数	989通
効果	セミナー参加43件
他媒体との連携	FAX、メール、電話

POINT

実際の回覧書類をイメージし、閲覧したことを示すハンコを押す枠を用意。

審査委員講評

各社が苦戦する自治体向けアプローチとして、組織実態や傾向を理解した上でどのように訴求するのが適切か、相当考え抜かれたシナリオとDM内容です。複数チャネルの組み合わせで11%相当のMQL数は自慢できるレベルです。

上島千鶴

・ DM診断 ・

ここが秀逸!

地方自治体のふるさと納税関係者の意思決定プロセスをよく理解して作られている。DMでは詳細をあえて語らず、ウェビナーへの関心を高めて誘導したのも上手かった。BtoBのDMで関係者が複数になる場合、一人のところで留まることは機会の損失になる。この点を回覧票のクリエイティブで解決を目指したところはアイデアの勝利だった。

戦略性・クリエイティブ・実施効果

複数のキーマンが存在する
ふるさと納税業務ならではの設計

　ネクスウェイは、自治体のふるさと納税関係者をターゲットに、ふるさと納税業務のビジネス・プロセス・アウトソーシング（BPO）に関するセミナー集客のためのDMを発送した。

　セミナーの集客ではメインの担当者にアプローチすることが一般的だが、自治体のふるさと納税業務では、複数の部署や担当者が関わっている。その担当者も3年周期で異動していること、業務全体を把握している人物も少数であることがこれまでの打ち合わせでわかっていた。さらに、自治体の担当者が業務を委託できることを知らないケースや、担当者の課題感を関係者が理解していないと

いう問題もあった。

　そこで、自治体では書類を回覧する習慣があることも意識し、ふるさと納税の担当者だけではなく関係者全体に回覧してもらえるクリエイティブが必要と判断。実際の回覧書類をイメージして、DMの表面に閲覧したことを示すハンコを押す枠を用意するなど、ユーモアも加えながら回覧しやすいデザインとした。また、中面では自治体が導入実績を重視することを意識し、全国での導入の実績を日本地図でわかりやすくデザインし安心感につなげた。

　DMは989通発送し、43件のセミナー参加申し込み、2件の受注につながった。セミナー後には107の自治体からアポイント獲得につながる成果を得た。

リアルイベントから
クラウドジャーニーへと誘う紙飛行機DM

一枚の紙からデジタル変革の旅へ
紙飛行機型の招待状DM

» 広告主　グーグル・クラウド・ジャパン
» 制作者　フュージョン

staff　Adv 津崎 陽子、鈴木 隆文　CD 木戸 柚果　PI 林 志津子　Dir 田村 亮子　AE 吉川 景博、松尾 星美

POINT
滑走路に見立てた箱型台紙に紙飛行機を挟み、透明のスリーブで包むことで外からも見える形で発送した。

目的	企業のITエグゼクティブ向けイベントの参加者獲得
DMの役割	インビテーション
他媒体との連携	Webサイト

POINT
同封する挨拶状や招待状も
航空券風のつくりに。

審査委員講評

自分のところに送られてきたDMが紙飛行機というのは、（郵送のシステムではなく）空を飛んで来たというイメージもできて、素敵な発想だと思いました。デザインの美しさは、さすがGoogleだと思います。　　　秋山具義

戦略性・クリエイティブ・実施効果

Googleらしさを感じる
クリエイティブで来場意欲を喚起

　グーグル・クラウド・ジャパンは、顧客企業のITエグゼクティブを対象に開催するイベントへの来場を促す目的でDMを活用した。DMでは、コロナ禍を経て3年ぶりに再開するリアルのイベントへの参加意欲を喚起するため、同社らしいクリエイティブの発信を目指した。

　DMのコンセプトを「一枚の紙からデジタル変革の旅へ」と設定。「Google Cloudと共に新たなるクラウドジャーニーへ飛び立ちましょう」というメッセージを表現するため、紙飛行機を同封。箱に紙飛行機を挟み、透明のスリーブで包むことで、中の紙飛行機が見える形で発送した。箱は滑走路を模したデザインにしたほか、同封する挨拶状や招待状も航空券風にしてDM全体でコンセプトを表現した。

　イベントがデジタルトランスフォーメーションを訴求するものであったこともあり、紙のDMを起点に二次元コードとURLでイベントサイトへ誘導。実施内容や参加登録をWeb上で完了できるようにし、紙からオンラインへのシームレスな導線を構築した。

　結果、登録期限前に満席となるなど、案内状の効果を実感した。来場者からは「紙飛行機が添えられた招待状に意表を突かれ、参加を決めた」「アイデアと独自性が詰まった案内状。他では得られない体験への期待が膨らんだ」との声が寄せられた。

・ DM診断 ・

ここが秀逸!

3年ぶりにリアルでの開催が実現したイベントに対する意気込みが感じられるインビテーションDM。紙質なども含めて、細かなところにまでこだわり、ブランドイメージを大切にしていることを感じる。折り紙の飛行機や滑走路をイメージしたケースなど、「飛行機の旅」というテーマで統一感がありクリエイティブ面でもよくできている。反応率も含めて評価につながった。

開封時に「はい」「いいえ」の選択肢 2つの閲覧導線を持つDM

強みの対面営業につなげる! 問い合わせ獲得DM

北洋銀行の似内 亮介氏

左から、TOPPANエッジの長原 優氏、野田 彩夏氏、大橋 一輝氏、鎌北 浩樹氏

» 広告主　北洋銀行
» 制作者　TOPPANエッジ、博報堂

staff　Adv 似内 亮介　P 長原 優　CD 藤井 宏晃　AD 野田 彩夏　Dir 鎌北 浩樹　D 大舘 拓実　C 荒川 加奈子　HCD 大橋 一輝

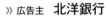

POINT
開封面に選択肢を設け、それぞれ異なる閲覧導線に誘導する仕掛け。

目的	営業効率向上
DMの役割	主に見込み顧客の発掘
発送数	389通
効果	80件の問い合わせ獲得
他媒体との連携	テレビCM、販促用チラシ

POINT
「はい」を選ぶと上のストーリー、「いいえ」を選ぶと下のストーリーが展開する。

審査委員講評

多くのDMのように「申し込んで!」という1つのCall To Actionではなく、「ラクにしたいと思いませんか?」という質問に対して「はい」「いいえ」の分かれ道があるので、答えを知りたくなり、絶対に開封させる仕掛けが素晴らしいです。

加藤公一レオ

【 戦略性・クリエイティブ・実施効果 】

テレビCMとタイミングを合わせ 効率的なアプローチにつなげた

北海道内に169店舗を展開する北洋銀行はTOPPANエッジの口座振替受付サービス「AIRPOST」の利用促進を目的に、道内の学校法人や自治体・事業者にDMを発送した。

同サービスは紙による手続きが主流の口座振替申し込み手続きをスマートフォンから申し込み可能にするもので、事業者にとっては低コスト・利便性向上・ペーパーレス化・業務効率化を同時に実現する有用なDX支援サービスとなっている。その一方で利用促進の提案ができる対象先が限定され、サービスに対する知識も必要となるため、銀行の強みである対面営業を活かせず商談数が伸び悩んでいた。そこで、道内全域に分散する対象先に短期間でアプローチする方法としてDMを採用した。

2022年8月20日からTOPPANエッジが道内で「AIRPOST」のテレビCMを放送開始。その認知が得られた9月からDMを発送し、相乗効果を狙った。クリエイティブでは、開封面に選択肢を設け、選択肢に応じた閲覧導線と訴求内容を変化させることで顧客のニーズ顕在化を目指した。また、開封率を向上させるため、一見して取引銀行からのDMであることがわかるようにロゴ、コーポレートカラーをあしらった。

DMが初期営業の役割を果たしたことで、営業効率が上昇、発送後2カ月で80件の問い合わせにつながった。

・ DM診断 ・

ここが秀逸!

「AIRPOST」の営業リード獲得を目指したDM。レスポンス率20%の成果をあげており、今後も増加が見込めるのではないか。クリエイティブでは「はい」「いいえ」型で開封方向を変えて、読み進ませ、課題意識を再認識させながら、サービスへの興味を喚起したところがいい。テレビCMの放送開始時期に合わせてDMを発送することで、DMの効果をより高めた点に工夫を感じた。北海道のような広いエリアで認知を得るためにDMが効果的であることを再確認できた。

未完成の二次元コードで高校生に
謎解きを仕掛ける

作って壊す
面倒くさいDM

》広告主　**京都先端科学大学**
》制作者　**リクルート、アストラカン大阪**

staff　PI／Dir／C 鈴木 貴文　AD／D 川原 宏教　C 岡田 卓実　AE 久保 幸穂

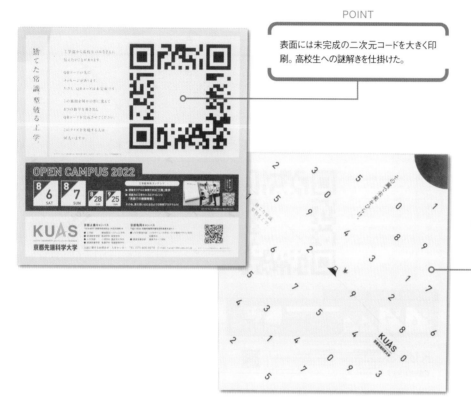

POINT

表面には未完成の二次元コードを大きく印刷。高校生への謎解きを仕掛けた。

POINT

折り鶴の形に折ることで、正解が導き出されるようになっている。

目的	認知獲得
DMの役割	主に認知拡大
発送数	1万5000通
効果	二次元コードからのWebサイトアクセス数355件
他媒体との連携	Webサイト

審査委員講評

大学の求める人材像と施策、そして学生の心理がとてもわかりやすく繋がっている施策だと思います。独自のクイズではあるが、しっかりデジタル誘導もできており、コストおよび効果的にも素晴らしい作品と思います。　　藤原尚也

戦略性・クリエイティブ・実施効果

異端の工学部から届いた
高校生への挑戦状

京都先端科学大学の工学部は2020年4月の開設で、進学を目指す高校生に対する認知に課題を抱えており、その解消を目指すべくDMを活用した。

同学部は、従来の工学部とは一線を画した教育内容が特徴となっている。630時間の圧倒的な英語教育や、「英語で」学ぶ専門科目の授業の実施、卒業研究がないこと、実際の企業の課題を題材に社員と一緒になって解決策を模索するプログラムの実施など、異端の学びを実践している。今回のDMには、ただ人を集めるのではなく、その異端性に共鳴し、面白がってくれるような高校生を獲得する狙いがあった。

DM本体には工学部についての情報は一切含めず、表面に未完成の二次元コードを大きく印刷。裏面には数字が並び、手を動かしながらクイズを解き、二次元コードを完成させる仕掛けにした。ものづくりは作って壊しての繰り返しが日常茶飯事であり、それに心折れることなく、興味を持って取り組んでもらう人に来てほしいというメッセージになっている。クイズを解く鍵は「折り鶴」で、これには合格祈願の意味も持たせた。

DMは1万5000通を発送し、完成させた二次元コードからのアクセスが355件あった。オープンキャンパス紹介ページが91件、大学概要ページにも78件のアクセスがあり、面倒くさい仕掛けに挑んでくれた人数も多く、その流れでオープンキャンパスや大学の情報の閲覧へとつなげることができた。

・DM診断・

ここが秀逸!

近年、少子化の影響もあり増加傾向にある大学のDM。一般的には一人でも多く資料請求や入試説明会への参加者を集めたいところだが、このDMでは逆に志望者を絞り込み、意味のあるレスポンスの取得を目的としている。あえて難易度の高い「問題」をフックに使うところはGoogleがアメリカで掲出した求人広告を彷彿とさせた。クリエイティブによる設問にも「らしさ」が表現されている。

DM AWARD 2023

銅賞
BRONZE

バインダーが届いたインパクトで
開封率と保管性がアップ

設立史上最高の入会数!
今すぐ診断バインダー DM

左から、日本賃貸住宅管理協会の大竹
孝幸氏、茂野 龍氏、片山 拓海氏、田
口 俊輔氏

》 広告主 **日本賃貸住宅管理協会**
》 制作者 **フュージョン**

staff　Adv 田口 俊輔、片山 拓海、茂野 龍、大竹 孝幸　CD 小木 陽介　PI 矢野 真依子　Dir 田村 亮子　AE 吉川 景博、植松 勇生

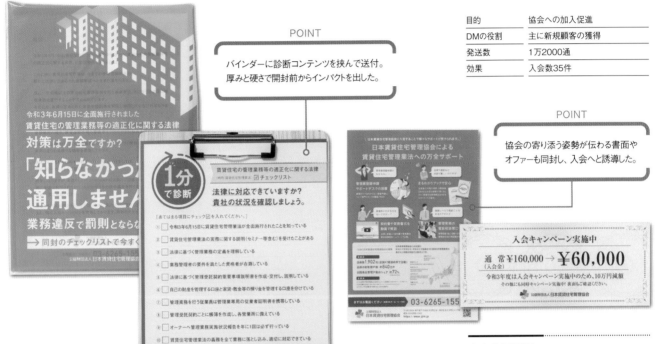

POINT

バインダーに診断コンテンツを挟んで送付。
厚みと硬さで開封前からインパクトを出した。

POINT

協会の寄り添う姿勢が伝わる書面や
オファーも同封し、入会へと誘導した。

目的	協会への加入促進
DMの役割	主に新規顧客の獲得
発送数	1万2000通
効果	入会数35件

審査委員講評

大きく立派なバインダーがついてくるので、着目性、残存性はとても高そうです。加えて、前面に「1分診断」がついているので、思わずやってみることでしょう。DMの物体性をうまく利用した、洗練された活動です。　音部大輔

【戦略性・クリエイティブ・実施効果】

協会設立史上最高の
月別入会者数を記録

　全国の賃貸住宅の管理業者を会員に持ち、最新の法律に関する情報提供やサポート業務を行う日本賃貸住宅管理協会では、新規入会者の獲得を目的にDMを活用した。

　ターゲットは全国の賃貸住宅管理業者。他の郵便物に埋もれないインパクトを出し、捨てられずに確実に代表者まで届けてもらうことを意図して、バインダーに診断コンテンツを挟んで送付した。診断コンテンツは2021年6月に完全施行された賃貸住宅管理業法に対応できているかを簡易的にチェックできる内容となっている。対応していないと業務違

反で罰則になる恐れがあると感じさせるコピーも配し、当事者意識を醸成した。同時に協会が事業者の悩みに寄り添う存在であることもアピール。入会金の割引キャンペーンのオファーも同封した。

　このDMは新たな法施行直後の2021年11月に発送を開始し、12月まで実施。投函後1カ月間で50件の問い合わせと14件の新規入会を獲得。DM反響から月別の入会者数は協会設立以来最高数に達した。また、バインダーによって保管性を高めたことも功を奏し、翌年4月まで効果が持続。最終的には問い合わせが100件、入会数も35件に達した。これまで反応がなかった「管理戸数200戸未満の企業」からの問い合わせもあり、新規セグメントの開拓にもつながった。

・ DM診断 ・

ここが秀逸!

バインダーとチェックリストを封入したクリエイティブで受け取った相手の関与度を一瞬で引き上げた。バインダーのインパクトとわかりやすさを評価した。訴求内容の説明は法的なこともあり、長くなりがちなところをチェックリストでシンプルに伝えたこともよかった。レスポンス率も商材に対しては0.8%と高く、効果が長く続いているところも優れていた。

DMの発送効率を究極に高め 作業時間を83%削減

しくみ化された店舗発DMで 課題解決!

» 広告主　日産サティオ千葉
» 制作者　ヤマインターナショナル、福島印刷

staff　D 小林 明治　AE 萩岡 裕貴

POINT

最大16種類の訴求内容から、顧客の状況に合うものを選んで送付できる。

目的	DM発送作業の効率化
DMの役割	主に継続顧客化
発送数	8万9242通
効果	作業時間83%削減
他媒体との連携	キャンペーンWebサイト

審査委員講評

DMの発送を仕組み化することにより、各店舗の負担軽減と本部の販促管理に成功。サービス訴求に留まらず、顧客一人ひとりの状況にあわせた提案性の高いパーソナライズ DMとすることで、来店誘導に貢献しています。

明石智子

戦略性・クリエイティブ・実施効果

オンライン上のリストから 顧客名とDMの種類を指定するだけ

　千葉県内に21店舗の販売店を持つ日産サティオ千葉では、販促活動の手段として各店舗から発送するDMを活用している。しかし、販売員が通常の店舗業務の合間を縫って行うDM発送作業は、制作や宛名の印刷など、作業工数が多く負担となっていた。そこで、Webにアップロードされている顧客リストから宛先とDMの種類(訴求内容)をクリックするだけで発送できる仕組みを導入し、作業の効率化を目指した。

　各店舗の課題や目標に合わせて複数の訴求内容(最大16種類)を用意し、顧客一人ひとりの状況に応じたDMを送ることができる

ようにした。サービスや新商品の宣伝にとどまらず、受け取った相手が自分ごととととらえて来店してもらえるような補足を加え、来店時にもDMを使って説明しやすい「プレゼン資料」を意識してデザインした。

　新たな仕組みを導入したことにより、これまでDM発送のために30分を要していたところを5分程度にまで短縮することに成功。また、2営業日で発送できるため、即効性のあるアプローチを実現し、販促活動を実施しやすくなったという。

　これまでは本部で把握しきれていなかった各店舗によるDMの発送履歴や顧客ごとの反応率や結果を確認することもできるようになった。DMの効果検証が可能になったことで、クリエイティブの精度向上にも貢献するいい循環が生まれている。

・ DM診断 ・

ここが秀逸!

自動車販売店の従業員が営業に使用するDMを自動化し、業務効率化に成功した事例。担当者はDM作成にかかる時間を短縮することができ、顧客も最適なタイミングに最適なオファーを受け取ることができるようになった。DM発送に関わる業務構造全体の改革とそれによって得られた効果を評価した。紙のDMは発送までに多くの工程があるので、その省力化の実現は必須になっていくはず。

左から、片岡メディアデザインの北岡 直美氏、片岡 潤哉氏、武田 明宏氏

ペルソナ創造のためのアンケートDMで
ECへの集客と売上アップを実現

アンケートDMからペルソナ創造で
売上240％ UP！

》広告主　**誠もち店**
》制作者　**片岡メディアデザイン**

staff　PI 武田 明宏　AD 北岡 直美　C 片岡 知子

目的	ペルソナ創造
DMの役割	アンケートフォームへの誘導
発送数	1,000通
効果	アンケート回答172名
他媒体との連携	ポスティング、Webサイト

POINT

クーポンをオファーにWeb上のアンケートフォームに誘導。「ついで買い」も誘引。

審査委員講評

顧客データ分析を実施し、徹底した顧客理解・自社理解を経て、その結果により戦略の変更を行った展開が素晴らしいです。アンケート経由でのついで買いの誘因、ポスティングとの連携などマーケティングミックスを上手に展開されておりました。素晴らしい実績も達成されていて、顧客に寄り添う心のこもったメッセージもDMならではの印象づけだと思いました。　宮野淳子

戦略性・クリエイティブ・実施効果

DMからアンケートに誘導し
その回答からポスティングチラシを改善

　沖縄では地域の年中行事や祝い事の際に餅を食べる習慣がある。誠もち店は、そうした行事用の餅を県内スーパーへ卸す事業を続けてきたが、コロナ禍で行事の中止が増え、売上が落ち込んでいた。そこで、沖縄の行事で食べられる餅に具材を詰め、日常の喫食シーンでも食べやすいように改良した新商品「まる焼き」を開発。通販による売上確保を目指していた。当初はポスティングで集客を進めていたが、ROIはマイナス、CPOは高く、効果が出ていなかった。そこで、購買データの分析と、購買層のペルソナを明確にするため、既存の購入者を対象に、DMによるアンケートを実施した。

　DMでは販売促進は行わず、あくまでアンケートをお願いするだけの内容とし、回答者を対象とする割引オファーを用意した。これによってアンケートサイトへの導線とするとともに、「ついで買い」を誘引した。

　アンケートの結果、顧客のほとんどは行事用ではなく、普段の食事として餅を購入していることが判明し、新たなペルソナ創造ができた。そのペルソナに合わせてポスティングチラシをリニューアルした。チラシのリニューアル前後を比較すると、集客で159％、売上を239％向上させることに成功した。また、新たなペルソナに合わせてWebサイトのリニューアルも実施した。

・DM診断・

ここが秀逸！

チラシとDM、Webサイトを一体的に運用したマーケティングプロセスが非常によく考えられていた。コンパクトながら、現代的なマーケティングを丁寧に実施した印象。コロナ禍に起因するもち卸売業の経営課題をDM施策によって解決したところもよかった。地域発の企業でもDMの活用で成果につなげられることを証明するいい事例になっていた。

《 日本郵便特別賞 》

特定の領域について、突出して優れた作品を顕彰する特別賞です。
「戦略性」「クリエイティブ」「実施効果」の3軸の総合評価とは別に、
企業規模や用途にかかわらず、キラリと光る魅力を持つDMにスポットを当てるものです。

♛
クラフト部門
視覚、聴覚、触覚など、人間の五感を刺激するような仕掛けをDMに施し、
その技が光ったもの。

♛
はがき部門
はがきの限られた紙面内に最大限の工夫を凝らし、
コミュニケーションの質を上げることに成功したもの。

♛
BtoB部門
企業が抱えている課題や問題を解決に導く内容を訴求し、
企業の担当者、意思決定者に確実にリーチしたもの。

入選作品(二次審査を通過したもの)を選考対象としています。

DM AWARD 2023
日本郵便
特別賞
SPECIAL PRIZE
クラフト部門

クリスマスに家に飾りたくなる ペーパークラフト型DM

好印象で認知拡大! お客様との接点創造クリスマスDM

》広告主　三井住友信託銀行
》制作者　研文社、ケンズ

staff　Adv 本店営業部・芝営業部・虎ノ門コンサルティングオフィスの皆さん　CD 廣田 悦子　AD／D 小礒 かおり　C 茂手木 斉　AE 古堅 華英

POINT
封筒には金箔のロゴシールを貼り、
高級感と特別感を演出。

POINT
立体感のある飾り付けを楽しめ、
家に飾っておきたくなるものに。

目的	住宅ローン利用者のエンゲージメントとLTVの向上
DMの役割	顧客コミュニケーション
効果	総額1億3974万円の成約
ターゲット	都心に勤務もしくは居住する高属性住宅ローン利用者

家族にも好印象を与え、フォローコールもスムーズに

三井住友信託銀行は、かねてから接点が持ちづらいことが課題となっていた住宅ローン利用者にアプローチするため、DM施策を実施。住宅ローンの契約から3〜5年以内の都心に勤務もしくは居住するターゲットに向け、将来にわたる金融パートナーとして継続的関係性を築く足掛かりとした。

DMはあえて商品・サービスの案内はせず、クリスマスシーズンに合わせて聖夜の雪景色をイメージした高級感あるペーパークラフトツリーを同封した。組み立てて飾ってもらう

ことで印象をより強く、家族の記憶にも残る効果を期待した。

後日、DM到着に合わせフォローコールし、ターゲットの状況に合わせた必要な情報やサービスを提供することで、継続的な関係性の構築を図った。平日昼間の時間帯のため有効架電率は43％だったが、DMの認知は家族にも高く、好評だった。電話をきっかけに大口の不動産売却やラップ口座、投資信託、保険契約などの成立に結びつき、想定した認知拡大以上の効果が得られた。

審査委員講評

住宅ローン利用中のお客様との接点、関係構築を目的としたツールとして、シンプルではあるが非常にうまく考えられた施策であると思います。時期に合わせたクリスマスツリー型のDMが家に飾られる事で家族間での認知も上げ、架電効果に繋がっている。実施効果も非常に素晴らしかったです。また、来年の施策も楽しみにしております。
宮野涼子

DM AWARD 2023

日本郵便 特別賞 SPECIAL PRIZE

はがき部門

朝ドラの好機を活かし ドラマに登場した 沖縄料理の食材を紹介

朝ドラ×ちむどんどん×DM×SNS

左から、片岡メディアデザインの北岡 直美氏、片岡 潤哉氏、武田 明宏氏

» 広告主　沖縄県物産公社（わしたショップ）
» 制作者　片岡メディアデザイン

staff　PI 武田 明宏　AD 北岡 直美　C 片岡 知子

POINT

社員が朝ドラで紹介された沖縄料理を手に、食材セールをアピール。

『ちむどんどん』効果を追い風に、上位顧客のクロスセルを狙う

全国10店舗を展開する沖縄物産の店「わしたショップ」では、夏の大感謝祭期間中に沖縄県外で入手しにくい食材や特産品を数多く揃えて特別価格で提供している。2022年は沖縄返還50年という節目であり、朝の連続ドラマ『ちむどんどん』が放映されるなど、沖縄が注目された年だった。ドラマ中に登場した沖縄料理がSNS上で話題になり、購入者の年齢層が広がっていた。

この好機を活かし、沖縄に愛着を持つファン（1年以内に4回以上来店した優良顧客）に沖縄の物産購入を促進するDM施策を実施。直近の関連商品高額購入者に向けて全国の店舗から郵送したところ、昨年比で来店客数が164%、売上が117%となった。

DMは携帯しやすいZ折圧着はがきを採用し、割引チケットをつけてキャンペーン終了後の再来店も促した。また、二次元コードを記載するなどクロスセルを目指した結果、ECサイトへのアクセスも増え、コロナ禍で現地に行かずとも沖縄料理を自宅で楽しめる食材のアピールにも繋がった。

目的	主に継続顧客化
DMの役割	特売キャンペーンの告知
効果	前年比来店客数164%、売上117%
ターゲット	各店舗の優良顧客

審査委員講評

コロナ禍で多く見られる来店不振をカバーする通販テコ入れのDMだが、他と違うのは「ちむどんどん」をからめたこと。ターゲットの絞込みや割引オファーの活用などオーソドックスなつくりと合わせて、前年比164%の成果を上げた。

椎名昌彦

DM AWARD 2023

日本郵便
特別賞
SPECIAL
PRIZE

BtoB部門

BtoB向けシステムをキャラ化
ストーリー性で読ませる工夫

商品を擬人化!
「じむきょくん」がやってきたDM

左から、藤代範雄デザイン事務所の藤代 良一氏、ディーエムエスの佐藤 文香氏、藤田 雅也氏

» 広告主　ディーエムエス
» 制作者　ディーエムエス、藤代範雄デザイン事務所

staff　CD／PI 佐藤 文香、藤田 雅也　AD 藤代 良一　C 佐藤 文香　I 青木 栄恵

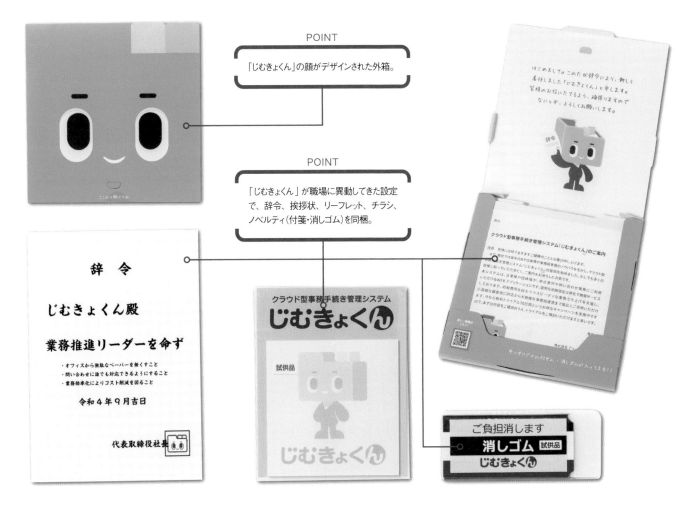

POINT

「じむきょくん」の顔がデザインされた外箱。

POINT

「じむきょくん」が職場に異動してきた設定で、辞令、挨拶状、リーフレット、チラシ、ノベルティ(付箋・消しゴム)を同梱。

辞　令

じむきょくん殿

業務推進リーダーを命ず

・オフィスから無駄なペーパーを無くすこと
・問い合わせに誰でも対応できるようにすること
・業務効率化によりコスト削減を図ること

令和4年9月吉日

代表取締役社長

クラウド型事務手続き管理システム
じむきょくん

試供品

ご負担消します
消しゴム 試供品
じむきょくん

BtoB商品だからこそ、親しみやすくわかりやすいデザインで

　DM発送代行業やBPO業務などを行うディーエムエスでは、セールスプロモーション事業の新商品として、初の自社開発となるクラウド型の事務手続き管理システム「じむきょくん」をリリースした。堅苦しい内容になりがちなBto B向けシステム商品のベネフィットを、いかにわかりやすく魅力的に伝えるかが課題となった。

　まずは商品とサービス内容に親しみをもってもらうためシステムをキャラクター化。絵本のような体裁のDMを作製した。また、長期間にわたり商品名をアピールできるよう、付箋や消しゴムなどのデスク周りで使えるノベルティを同梱。決裁者へのフォローとして、会社紹介や取得認証など信用に結びつく要素も入れた。DMの箱とリーフレットの目立つ場所には二次元コードを掲載して、見込み客をWeb(LP)に誘導するようにした。

　結果、発送から1カ月で初動5.89%のLP誘導と問合せを取得。新規企業との商談や成約に繋がると共に「可愛いDMですね」「とても目立っていたので開封しました」など、クリエイティブにも好意的な感想が寄せられた。

目的	新商品の認知向上
DMの役割	新規および見込み客の獲得
効果	53件の反応(うち1案件成約)
ターゲット	地方自治体／学校法人／企業の実務者など

審査委員講評

コロナ禍以降営業方法も変わり、DMを活用したBtoB施策が増えてきている中でも、しっかりと商品のベネフィットを明確化。さらにターゲット想定からのコミュニケーション設計がされており、キャラクター活用や同梱物の工夫が見受けられる素晴らしい作品です。　　藤原尚也

《 入 選 》

一次、二次審査を通過し、最終審査まで進んだものの、惜しくも入賞を逃した入選21作品を紹介します。

2022年12月に実施した最終審査会の様子

EXCELLENT
WORKS

たった1枚で"3役"こなし、ハガキの価値を最大化!

来店動機UP!
1枚3役　もらって嬉しいハガキDM

》 広告主　味一番
》 制作者　味一番

　金沢市で大衆食堂を営む「味一番」。コロナ禍に加え、原料価格高騰による値上げで予想される顧客離れ防止のため、常連客191名へ感謝を伝える来店促進DMを実施した。「割引クーポン券」「会員カード」「ノベルティ引換券」の役割をハガキ1枚に持たせ、過去に届けたハガキ3枚を集めるともらえるノベルティを用意。レスポンス率は86%(複数回利用)、ノベルティ引き換えは18件で、「DMが欲しい!」と常連客以外からも言われるなど好評だった。

・ DM診断 ・

ここが秀逸!

過去のシリーズも含め、今年はどのような工夫やチャレンジをされているのかと、審査委員一同拝見するのを毎年楽しみにしているDM。地域に根差した街の食堂が、お客様の来店回数を増やす努力や仕掛けを1枚のハガキに込めている。顧客とのコミュニケーションを丁寧にされている姿が素晴らしい。

唯一無二の企業カレンダーが、会えない顧客との絆を取り戻す

20th Anniversary calendar

》 広告主　アズール&カンパニー
》 制作者　キャンドルウィック

　創業20周年を迎えた人材紹介会社のアズール&カンパニーでは、コロナ禍で直接会えない顧客に向けて「出会いを大切にする」というメッセージを込めた記念の特製カレンダーを送付した。同封の二次元コードを読み取ると、気に入った月のデザインにWeb投票できる仕掛けにしたところ、投票を機に求人ページやクライアント情報ページのアクセスが増え求職者の再登録につながった。1万2000部発送のうち200名以上からレスポンスがあり160名がサービスを再利用。3,000万円以上の売上につながった。

・ DM診断 ・

ここが秀逸!

クリエイティブが素晴らしかった。紙の質感や厚さ、大きさがちょうどよく、丁寧につくられていて高級感もある。関係性を重視する中で、目の前に置いてもらえるカレンダーを選んだというところもよい。人材サービスとして、人と人のつながりを大事にするという視点でも合致している。

申し込みだけでなく参加意欲も高めるセミナー開催告知

驚異&予想外の長期レスポンス!
輝く優秀営業マンDM

» 広告主　イムラ
» 制作者　イムラ

DM戦略についてのセミナー開催告知ゆえに、DM自体を通してDMへの想いが伝わるように工夫を重ねた。コールドフォイル印刷で豪華に仕上げた封筒にはセミナー案内だけでなく、意欲的に参加してもらうためにミニ冊子やDM現物サンプルの引換チケットを同封。さらに封入物には紙質・紙厚に変化をつけ印象に残す工夫をした。3,000通発送し過去最高となる申し込み数を獲得。その後も長期にわたりDM制作についての相談やマーケティング施策に関する問い合わせを生んだ。

・ DM診断 ・

ここが秀逸!

四角い封筒でデザインにもインパクトがあり「捨てられない工夫」を感じる。それぞれのパーツの紙質や紙厚に変化をもたせているのも秀逸。挨拶状から具体的なDMによるプレゼンへ、そこからのセミナー申し込みの誘導も巧みでスムーズ。自社DMで会社のサービスの高さをアピールできている。

ブランドイメージを刷新するDMで継続率が向上

「しろ彩らしくない」ギフトDMで
LTV1万円UP!

» 広告主　エクラ
» 制作者　ダイレクトマーケティングゼロ

定期購入者の半数が商品到着後1週間で離脱してしまうという課題に対し、短期間でブランドの印象を変え、継続に経済的なメリットを感じてもらうためのDMを制作。高級感のある封筒、花のシズル感にこだわったプレゼントキャンペーン告知を同梱したDMを商品到着の2日後に送付した。タイミングとクリエイティブに注力したことで、継続率は5%改善し、クロス率も3%から25%に向上。一人当りLTVも1.5倍となり、DMに対して初めて顧客からのお礼の声も届いた。

・ DM診断 ・

ここが秀逸!

クリエイティブの質の高さが、高い評価につながった。プッシュ型の通販で、ブランド評価があまり高くなかったお客様に向けたDMであっても、圧着DMなどを選択せずに、きちんとそれなりのコストをかけてやろうとチャレンジしたこと、それがレスポンス率につながっている点も評価できる。

テレビショッピングの上位顧客に
紙のDMで特別感を訴求

顧客維持率99.8%!
3種特典付き年末年始感謝DM

» 広告主　関西テレビハッズ
» 制作者　フュージョン

テレビショッピング特番の放送タイミングに合わせて上位顧客にDMを送付し、購入促進を図った。ジュエリーチケットやロゴ入りジュエリーポーチを入れ、ジュエリー商品を中心に訴求。宝石をイメージさせるキラキラする用紙（ペルーラ）を使い、特別感を演出した。年末〜春先におよぶ放送時の継続購入に繋がり、送付した優良会員のうち99.8%の顧客維持に成功し売上金額が顕著に拡大。DMが放送前に到着することで期待感を持って視聴してもらえた。

• DM診断 •

ここが秀逸!

DMの効果が高かったという点で、高い評価となった。きちんとデータを見ているからこその成果ではないか。顧客にDMのコミュニケーションがはまれば、レスポンス率やROIは高くなる。テレビとDMは実は相性がいいということもありつつ、嗜好性の高い商品において、リアルのチャネルは無視できないものだということが再認識できた。

二次元コードを使ったパズルで
高校生に謎かけ

大学のリーフレットの
常識を捨てたDM

» 広告主　京都先端科学大学
» 制作者　リクルート、アストラカン大阪

既存の工学部教育の枠組みに捕らわれない異端な学びを特徴とする京都先端科学大学工学部では、理系高校生向けのDMに二次元コードを使ったパズルを掲載。限りなく情報を削ぎ落とし、答えは一切記載していない。裏面にある数字の羅列は、大学ホームページの学部ページの情報を暗号化したもの。下の二次元コードから答えはわかるが、なぜその暗号になるのかを考えてもらう問いにしている。SNSでも答えを知りたい声が挙がるなど反響があり、答えを完成させた二次元コードからのアクセスは241件だった。

• DM診断 •

ここが秀逸!

求める学生像を明確にして「人を選ぶ」という点に特化したクリエイティブは成功しており、学校の個性を表現できている。単に遊びがあるだけではなく、学ぶ内容にもそれとなくつなげているところも上手さがあった。戦略性を表現に落とし込む手法が洗練されていた。

デジタル販促が難しい顧客に
効いた「栽培キットDM」

人財も植物も種から育成!
前回比317%採用支援DM

》広告主　グッピーズ
》制作者　ガリバー

医療・介護・福祉の求人サイトのグッピーズでは、歯科医院を中心とした顧客に向け、デジタル以外の販促方法を模索する中で「植物と同じように人財も育てれば立派に育つ」をコンセプトとしたDMを送った。ノベルティとして「バジルの栽培キット」を同梱。学生のユーザーボイスや登録者数などの数値データを記載して信頼性の高さを訴求、また登録後のフォロー方法なども掲載して申し込み時の不安を取り除いたことで、同一ターゲットの前回DMと比べ申込率が0.4％から1.27％と3倍以上に伸びた。

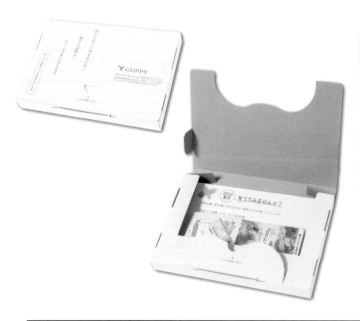

・ DM診断 ・

ここが秀逸!

「人材を育てる」と「植物を育てる」をうまくかけ、新卒を一緒に育てるというメッセージ表現の着眼点が素晴らしい。なぜバジルの種が入っているのか？という疑問に応えるかたちで、掴みとサービスの内容がわかるためノベルティとの連動がスムーズ。BtoB向けDMで大切な「捨てられないストーリーづくり」が見事だった。

在学生の視点を盛り込んだ
フォローDMで好意度アップ

612%増の反応率を達成!
大学案内後追いDM

》広告主　甲南女子大学
》制作者　バンクトゥ

甲南女子大学では、大学案内の資料請求者に対し、通常案内とは別にフォローDMを送付し、他大学と差別化を図った。大学のオウンドメディアのコンテンツを素材とし、K-POPなどのトレンドを受け取り手の興味関心の起点として構成。在学生らの協力を得て、"生の声"を届けることを重視した。オウンドメディアにアクセスできる二次元コードを掲載したところ、通常の大学案内の二次元コードからのWebアクセス率の約6倍の反応率を達成した。

・ DM診断 ・

ここが秀逸!

デジタル版のオウンドメディアをオフライン化して送付し、受験予備軍の方に大学を理解してもらおうとする取り組みがいい。クリエイティブに現役の学生が関わっているというところも面白かった。ターゲットの特徴を理解したWebへの誘導も評価につながった。

割引率を顧客毎に計算し、
おトクな理由を具体的に説明

スマホ加入者にネット促進で
ソフトバンク囲い込みDM

≫ 広告主　ソフトバンク
≫ 制作者　ジェイアール東日本企画

スマホはソフトバンクに加入中だが、自宅のインターネットは他社というユーザーに「スマホとネットはセットにした方がお得」と理解してもらい、将来的な解約防止につなげるためのDM施策を実施。具体的にいくらお得になるのか正しく理解してもらうため、顧客ごとに個別印字で1年間の割引総額を記載。吹き出しや最大フォントを活用することでインパクトを重視した。DMを送付しなかったグループと比較した増加率は169％を達成。結果、セット契約件数増へと繋がった。

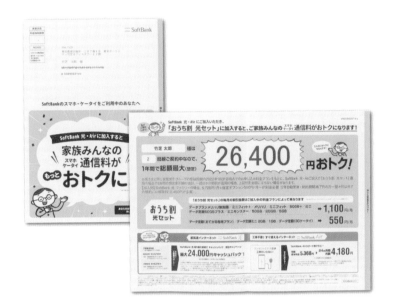

・ DM診断 ・

ここが秀逸！

DMを開く前から興味をひくインパクトある吹き出しで、問いかけるようにサービス内容を強く訴求している。厳選された色の統一感もよく全体的にわかりやすい構成。お客様ごとの可変データで「金額がどれだけおトクになるか」を的確に伝えているため、自分事としてダイレクトにサービス内容に関心が持てると思われる。

シニアに情報を的確に伝え、
買い替えの納得度を高める

DM効果289％！
シニアの機種変更を後押し

≫ 広告主　ソフトバンク
≫ 制作者　凸版印刷

初代「かんたんスマホ」の発売から4年が経過し、60歳以上の利用者のうち機種変更やキャリア乗り換えを検討する人が一定数いると推測しDM施策を実施。期間限定でシリーズ最新機種が9,800円の特価であることを訴求し、機種変更促進および解約抑止を狙った。旧機種と比較して進化したバッテリー機能などを紹介。文字配色と大きさを工夫し、機種訴求とプラン説明をトビラ面、中面で二分してストーリー展開とした。DMを発送しなかったグループと比較して機種変更率は3倍近くにのぼった。

・ DM診断 ・

ここが秀逸！

シニア層へ新しいスマホへの機種替えを訴求する内容だが、まず2段階に開く「タテ三つ折り」形状をうまく活用したDMだと感じる。開くたびにストーリーが変化して情報が展開していく様は、受け手にとって読み進めやすく理解しやすいものになっている。宛名面から中面への誘導もデザイン的に巧みにできている。

スマホに対するシニアの不安に
とことん寄り添う

シニアの不安に寄り添い
スマホ化目標130%達成!

» 広告主　ソフトバンク
» 制作者　A5

スマホを持つことに不安を抱くガラケーユーザーのシニア層は多く、機種や料金プランの紹介だけではガラケーからの変更を促進できない。そこでシニアの気持ちに寄り添った「スマホ教室」という不安解消の手段を提案。スマホに変えることで得られるメリットを、日常生活に照らし合わせて具体的に提示した。DMは全体的に柔らかいトンマナを意識し、価格で引き付けるのではなく「寄り添っている」雰囲気が出るデザインにこだわった結果、目標対比130%と今までにない成果を出すことができた。

・ DM診断 ・

ここが秀逸!

シニア向けサービスで、その年代層を意識した柔らかいトンマナに工夫が見られる。スマホデビューの案内と安心サポートと「スマホ教室」の関連がわかりやすく丁寧に盛り込まれている。このようなサービス内容のDMは、価格や機種の説明に注力しがちだが、その先のフォローに紙面を割いた点が素晴らしい。

格安スマホへの不安を払拭し、
他社からの乗り換えを促す

昨対比104%!
永年おトクを伝えスマホのりかえ促進

» 広告主　ソフトバンク
» 制作者　凸版印刷

ソフトバンク光の加入者に、スマホをワイモバイルに変えると永年割引が受けられることを訴求するDM。対象者は自宅のネット回線の利用でスマホのデータ通信量を抑えていると仮定し、格安スマホの安さを中心に訴求。ソフトバンク光からのお知らせという形で、見開きA3の大判サイズで月額990円の仕組みを図解した。格安スマホに対する不安感や、携帯会社の変更にはスマホの購入が必要という誤解を払拭し、DMを発送しなかったグループと比較した獲得率は124%（昨対比104%）となった。

・ DM診断 ・

ここが秀逸!

ワイモバイルに変更するとスマホの使用料がおトクになる訴求。宛名面の「ソフトバンク光をご利用中だったら」という投げかけから自分事化へうまく繋げている。読み進めていくと、キャラクターの使い方が巧みで見せたいポイントがしっかりしており、色使いなども考えられていて、受け手に情報が伝わりやすいDM。

かつての成功体験に
「触れる」ことで通塾の動機を創出

また一緒に合格を!
記憶を呼び起こす真空パックDM

》 広告主　東京個別指導学院
》 制作者　フュージョン

高校受験で東京個別指導学院に通塾し合格を得た生徒に向け、大学受験でも同塾を活用してもらいたいと、タイムカプセルに着想を得た真空パックのDMを送付した。高校受験時の頑張りと成功体験を思い出し、前向きになれるよう桜の造花を同梱。DM到着時にフォローコールして入試に向け不安な点を聞いてアドバイスを行い、いつでもサポートする旨を伝えた。塾間の競争が激化する3〜4月の問い合わせ数を昨年と比べると、DMを届けた新高校3年生では全体の数値を上回った。

・ DM診断 ・

ここが秀逸!

狙いがよくわかるDMだった。塾に通う子どもとその意思決定に関与する親を両方意識させることに成功している点が優れており、顧客に対する長期的な視点があることも評価につながった。タイムマシーンに着想を得たという真空パックのアイデアもよかった。

ターゲットに寄り添う顧客視点で
クリエイティブを再設計

フィッシング詐欺を防ぐ
「請求額通知」登録DM

》 広告主　トヨタファイナンス
》 制作者　ADKマーケティング・ソリューションズ

トヨタファイナンスではクレジットカードの請求書のペーパーレス化を進めるにあたり、顧客へメールアドレス登録を2年にわたり促し続けてきたが、相当数の顧客が未登録のままだった。非登録者層のデータを分析すると、「カード利用が少額ゆえに不正利用への認識が高くなく、登録の必然性を感じていない」層の存在が明らかに。そこで、特典に頼らずターゲットに寄り添う顧客視点へとクリエイティブを転換した結果、圧着ハガキにもかかわらず約20%ものレスポンス率を実現した。

・ DM診断 ・

ここが秀逸!

受け取り手のインサイトをつくような戦略が練られている点が素晴らしい。レスポンス率20%と一定数の反応が得られており、登録の呼びかけというDMならではの用途で目的を達成している点が評価のポイントになった。

コロナ規制緩和による帰省需要に、
お客様視点の提案が響いた

"レスポンス率10%超え"達成!
需要喚起販売促進DM

» 広告主　新潟味のれん本舗
» 制作者　イムラ

新潟味のれん本舗では、コロナ規制の緩和を受け、お盆の帰省需要復活を見込んだDMを企画。直近1年間で購入があった顧客に対し、帰省用の"贈答おすすめ商品"とコロナ禍で増加した"おうち時間向け商品"のラインナップを提案し、迷わず選べるようにした。家族だんらん用のセット商品には、お客様が気にする「入り数」も明示。さらに「500円クーポン」と「送料キャンペーン」で購買を後押しし、レスポンス率は昨対比+2.68%、8月売上計画比105%を達成。過去最も反響の出たDMとなった。

・DM診断・

ここが秀逸!

販売促進系の王道と言えるDMで、大きな売上を上げている。DMを受け取った顧客の反応をきちんと考えられている。例えばWebに加えてハガキやコールセンターへの誘導がある点や、訴求内容が贈答用や何回忌のお返しといった弔辞用になっている点などが、顧客をよく理解したコミュニケーションと言える。

発想力と企画制作力が羽ばたく、
人の温もりを感じるDM

青い鳥が手にとまり、
体温を感じるサンキューレター

» 広告主　フュージョン
» 制作者　フュージョン

CRM領域のマーケティングを得意とするフュージョンならではの、商談後のサンキューレター。大判ハガキいっぱいに描かれた鳥を手に止めるようなポーズで持ち、そのまま裏返すと新ロゴのオレンジ色の部分に指先が当たり、まるで体温によってロゴの一部が変色したかのように感じられる。「マーケティングに、体温を。」のスローガンを体感できる仕掛け。メッセージを添えて送付した取引先からは好評であり、同社のDMの企画制作力が伝わるきっかけにもなった。

・DM診断・

ここが秀逸!

全てに理由があり、筋も通っている。切手の配置や鳥を選んだ理由を謎解きしてあげると親切だったかもしれない。年賀状や季節の挨拶の場をショーケース的に活用し、事業にもつなげていくことは、DMのトッププランナーだからこそできることと感じる。

手厚いフォロー体制の訴求で、
伸び悩みを打開

顧客の不安に寄り添う
「食品検査サービスの周知DM」

» 広告主　丸信
» 制作者　丸信

「食品検査サービス」の受注の伸び悩みを打開するため、サービス内容やメリットをわかりやすく掲載した「初回検査無料キャンペーン」のDMを既存顧客に送付した。丸信の"検査だけではない手厚いフォロー"を強調し、競合との違いをアピールするため、イラストを使った親しみやすいデザインを採用。表紙にはキャンペーン内容を、裏表紙にはお客様の声を載せ、開封につながるよう工夫した。二次元コードから簡単に申し込めるようにした結果、1カ月で15件の新規検査の受注につながった。

<table>
<tr><td>• DM診断 •</td></tr>
</table>

ここが秀逸!

A4サイズの圧着という、オーソドックスな作りながらサービスがストレートに伝わった。忙しいターゲットに対してわかりやすく、手間を取らせずに情報を伝えることができる優れたビジネスDM。

ビジネスオーナーの成功欲をくすぐる
DMに刷新し、申込率がアップ

ゴールド推し「切り札」DMで
申込率前回比170%!

» 広告主　三井住友カード
» 制作者　フュージョン

小規模法人代表者・個人事業主向け「ビジネスオーナーズ ゴールド」を訴求するDM。以前はゴールドカードと一般カードを並べて紹介していたが、ターゲットの承認欲求や成功欲をくすぐる内容に変え、事業成功への「切り札」としてゴールドカードをメインに推す方針に転換した。結果、全体カード申込率が前回比170%と向上し、ゴールドカードの申込率も大幅アップ。Web（LP）へ誘導する二次元コードの読込率も前回比138%と向上した。

• DM診断 •

ここが秀逸!

BtoBのDMとしてシンプルながら、キレイでわかりやすい。前回比170%と成果にも繋がっており、優れたプロモーションになっている。「これが切り札」のコピーなども含めて、セールストークをブランドの世界観にのせて表現し、好感度を高めたところに上手さがあった。

思わず飾っておきたくなるDMで
大学進路決定を後押し

クリスマスから春へ！
期待きらめくスノードームDM

》広告主　桃山学院大学
》制作者　フュージョン

桃山学院大学に合格した高校生に、スノードームをイメージしたDMを送付。雪が舞うクリスマス風景を裏返すと桜の花びらが舞う春の風景に変わる仕様で、飾っておきながら大学を想起してもらうことを狙った。同封された二次元コードから特設Webサイトへ誘導しDMを受け取った学生のみに「春になったらあなたの笑顔を待っている」というメッセージを視覚的な動きと音で印象的に伝えた。入学前プログラムに参加した学生の多くはDMを保管していた。

部下に情報共有してもらうため、
同じ内容のノートを2冊同梱

人事部長に段ボール？
スタサプ法人向け拡販ノートDM

》広告主　リクルート
》制作者　凸版印刷、TOPPANエッジ

導入検討に至るまでに複数人の意見調整を必要とする場合が多い法人向けサービスは、DMを1人で閲覧するだけでは申し込みに結びつきにくい。そこで「スタディサプリENGLISH」では、決裁権のある大企業の人事部長宛にネット通販風の箱型DMを送付し、同サービスのメリットを記載したノベルティノートを2冊同梱。部下への指示を案内し、現場担当者にも情報が共有されるようにした。その結果、多数のレスポンスを獲得。追加ノートの問い合わせを機に契約が成立した例も生まれた。

リアルすぎるノートPC型DMによる
驚きとインパクト

コロナ禍での新戦略!
扉を開いたクロスメディアDM

≫ 広告主　リコージャパン
≫ 制作者　共立アイコム

リコージャパンでは取引のない企業の社長宛てに、セミナーの告知DMを送付。セミナーのテーマでもある「DX」を連想させる、ノート型PCを模したデザインで開封率アップを狙った。DM送付後はフォローコールに加えて、IPターゲティング広告を活用し、紙＋Web＋リアル（電話・訪問）で訴求。さらにセミナー申込特典として講演者の書籍を提供することで、セミナー後のアポイント獲得のフックにした。DM認識率は85％。セミナー申し込みだけでなく、アポイント獲得や案件化にも繋がった。

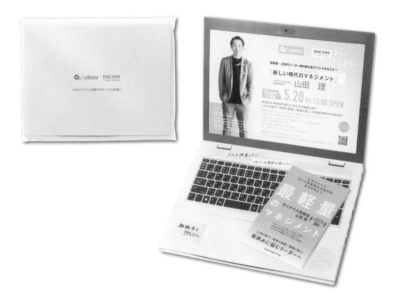

・ DM診断 ・

ここが秀逸!

見やすく・わかりやすく・インパクトのある箱型DMの成功例ではないか。捨てられない、かつ読み進められる内容が素晴らしい。パソコン型のクリエイティブが秀逸で、受け取り手側が実際に使っているパソコンのように付箋が貼ってある臨場感など、細かい部分まで丁寧に作り込まれており、印象的で好感が持てた。

『新DMの教科書』でDMの実務知識を体系的に学び、DMマーケティングエキスパート認定資格を取得しよう!

『新DMの教科書』は現代的なDM戦略や戦術が体系的に学べ、理論に加えて実務的なノウハウや事例情報が盛り込まれた販促・マーケティング担当者等にとっての実務教本で、「DMマーケティングエキスパート認定資格試験」の公式テキストとなっております。購入は、宣伝会議ホームページやAmazonなどでお買い求めください。

資格を取るとメリットがいっぱい!!

1 マーケティングについて、「業界標準の体系的知識」の取得ができます。

ダイレクトマーケティングの基礎、DMのメディアミックス、DMの企画立案、DM施策実施ステップ、ターゲットリスト、顧客分析、DM制作の基礎、クリエイティブ評価と改善、年間販促計画など仕事の領域が広がります。

2 理論に加えて実務的なノウハウや事例情報の獲得ができます。

実務的なDM事例から、企画提案～制作、印刷プロセスの提案力強化と改善の具体的戦術・知識を学べます。

3 DMマーケティングのプロとしての認定獲得ができます。

認定証、認定資格ロゴの使用（名刺、ホームページ）などを通じて業界内、取引先へのアピールが可能です。

4 認定資格保有者（企業）としての広報などにお役立てください。

（一社）日本ダイレクトメール協会ホームページの掲載、協会への相談問合せに対する検討候補としての紹介などがご活用いただけます。

資格の問合せ先（一社）日本ダイレクトメール協会 DMME事務局（dmme@jdma.or.jp）

第37回全日本DM大賞 贈賞式レポート

2023年3月17日、第37回全日本DM大賞の贈賞式がオンラインで開催された。幅広い業種や地域から応募された、創意工夫にあふれたDM作品712点の中から選ばれた入賞作品が表彰された。

01

今年もオンラインで開催
応募作品712点の頂点が明らかに

入賞作品の表彰は日本郵便特別賞からスタート。その後銅賞・銀賞・金賞の入賞作品、続いて審査委員特別賞が紹介され、グランプリは最後に明かされる形で進められた。グランプリ候補となる金賞受賞の広告主と制作者3組は会場に集まり、グランプリの発表の瞬間を見守った。

式の冒頭では日本郵便 執行役員の田中豊氏が挨拶を行った。今回の応募作品の2つの特徴として、「丁寧なシナリオ設計がされ、使い方・見せ方でストーリーを感じるDMが多かったこと」「データ連携を活かした、WebやアプリとメディアミックスさせたDMが増えたこと」があると分析。「手紙が持つ温かさを活用し、お客様の気持ちに寄り添い、最適な情報発信をすることによりリアルなDMの効果がさらに活かされる。今後もDMの持つ力やDMが活躍する場面が多く出てくることを願う」と話した。

日本郵便特別賞は、本大賞の3つの評価軸（戦略性、クリエイティブ性、実施効果）による総合評価とは別に、キラリと光る魅力を持つDMにスポットを当てる賞。3作品の発表後には日本郵便 郵便・物流事業企画部長で最終審査委員でもある斎藤貴氏が講評を行った。「顧客との関係づくりや『つながり』づくりを求める風潮がますます強くなるなか、受賞作はDMで丁寧にコミュニケーションをとるだけでなく、メディアミックスによって顧客と接する時間軸を拡大することで顧客とのつながりを生んでいた」と述べた。

戦略・クリエイティブ・効果の
総合力で抜き出た金賞作品

金賞に入賞した3作品には、最終審査委員がそれぞれコメントしたのちに贈賞が行われた。freeeのDMに対して最終審査委員の上島千鶴氏は、「上場企業の決算業務が終わるタイミングを調べて送付するなどお客様の状況に対する解像度がとても高い。お疲れさまでしたというメッセージの作り方や、チョコレートの数に配慮した点などが素晴らしい」と述べた。freeeの関幸一氏は「まさかこういった賞をいただけるとは思わず驚いている。このDMでこだわった点は2つで、1つはfreeeのことを知ってもらうこと。2つはねぎらいの気持ちを届けること。リサーチをしたときに、上場企業の経理担当の方は本当に忙しいとわかり、そこから、1年で唯一気が休まるタイミングに送ることにした」と話した。フュージョンの田村亮子氏は「弊社の経理担当にもヒアリングしながら考えた。決算業務は本当に大変だと知ったことで、全員をねぎらえるものがいいと考えた」とエピソードを紹介した。

常磐興産のDMに対して最終審査委員の明石智子氏は「DMをきっかけに盛り上がり、3世代ファミリーをつなげ、主役にしていく。DMの体験機能を120%活かしきったDMで、企業の優しい思いが丁寧に伝わってきた」とコメント。常磐興産の他力桃子氏は「すごく嬉しい。お客様に送るDMはコンテンツを紹介することに力を入れてしまいがちだが、旅行はお客様が主役。DM自体をお客様の物語として考えてもらえるように制作した」

01 恩藏直人審査委員長（左）と、グランプリを受賞したfreeeの関幸一氏（中）、フュージョンの田村亮子氏（右）。
02 freeeの講評コメントは最終審査委員の上島千鶴氏（左）が行った。
03 金賞を受賞した常磐興産の他力桃子氏（中）とシスクの土澤弓貴氏（右）、最終審査委員の明石智子氏（左）。
04 同じく金賞を受賞したIndeed Japanの新井美音氏（中）とインフォバーンの大浦雅俊氏（右）、最終審査委員の宮野淳子氏（左）。
05 グランプリ受賞者は、賞状・トロフィーに加え、副賞として作品を絵柄にあしらったフレーム切手が贈られた。

と話した。シスクの土澤弓貴氏は「届いた時の高揚感、そしてハワイアンズが家族のだんらんで話題にのぼること、家族を笑顔にすることを重点的に制作した。コロナでおうち時間は増えているが、一人でSNSなどを見ている時間が意外と多く、家族同士が話す時間は短いのではないか。家族がみんなで話す時間をこのDMで創出したかった」と作り手としての思いを語った。

Indeed JapanのDMに対して最終審査委員の宮野淳子氏は「『ICE BREAK CARD』という非常にユニークなアプローチが印象的。受け取り手にとって役に立つものという視点で考えられている点が素晴らしかった」とコメント。Indeed Japanの新井美音氏は「封書ではなく箱形の形状の大手企業向けDM施策を手がけたのは初めてで、こういう賞をいただけて嬉しい。開けてもらうことが最初のポイントと考え、採用担当者にとって役立つものが入っていると思ってもらうようにした。受け取り手も嬉しく、私たちも目的が達成できるという設計がうまくできたと思う」と話した。インフォバーンの大浦雅俊氏は「キャッチコピー案を何案も出して制作した。特に『ICE BREAK CARD』は弊社の人事部の採用担当とディスカッションし、受け手目線でカードを作ることを心がけた」と制作の舞台裏を明かした。

初応募でグランプリ獲得に「まさかの驚き」

そして、いよいよグランプリの発表へ。恩藏直人審査委員長からグランプリ受賞を告げられたfreeeの関氏は、今回の応募が初だったにもかかわらず、グランプリ受賞という結果に驚い

たと話した。「このDMは特に受賞など意識せずマーケティング施策として必死に考えて企画したもの。結果的にターゲットに情報が届き、かつこうした賞をいただけて非常に嬉しい」。制作者であるフュージョンの田村氏も、「表彰いただけるようなマーケティング施策に協力できて嬉しく思う。これからも、広告主の戦略に協力しながら効果を最大化できるよう、力になっていきたい」と喜びを語った。

審査委員長の恩藏氏はグランプリ選出の理由について、「マーケティングの全体戦略が意識され、その中でDMを効果的に使ったところが審査委員の中で高い評価になった。高い成果も上げており、素晴らしい施策」と話した。

毎年素晴らしい作品に出会える賞「来年にも期待している」

最後に、恩藏審査委員長による総評が行われた。「金銀銅の受賞作を振り返ると、単に戦略性だけではなく、例えばパーソナライズされているかどうか、あるいはデータドリブンをうまく活用しているかなどが鍵になったと思う。他のマーケティング施策と切り離してDM単体の施策を行っても、当然うまくいくわけではない。いかにマーケティング全体の中でDMを融合させていくかがこれから求められる中で、それをいち早く実現し、DM施策として落とし込んだ作品が高く評価された。毎年審査をしているが、次々と素晴らしい作品が出てくるので、審査委員一同本当に楽しみにしている。来年度も素晴らしい作品が出てくることを期待している」と話し、式を締めくくった。

徹底解説!
エントリーシートの書き方のポイント

あなたのDMのよさは、エントリーシートから審査委員に伝わっていますか?
このコーナーでは、エントリーシートの書き方および審査委員の注目ポイントを解説します。
今回惜しくも入賞を逃した方、そして来年度の応募を考えている方もぜひご活用ください。

この部分で印象の大部分は決まる! 「実施概要」編

全日本DM大賞の審査では、一次審査で応募数全体から約7分の1へと数が絞り込まれるが、この審査はエントリーシートのみによって行われる。数多くの作品を見ていく中で、印象の大部分を決定づけるのが、冒頭の「実施概要」部分だ。

「作品名」は、審査委員が最初に目にする部分。概要・アピールしたい内容（成果など）が端的に盛り込まれていれば、審査委員の理解が早まる。このサンプルでは入っていないが、「ROI何%」などと数字を入れた応募作品も実際には多い。

「ターゲット」のポイントは、どのような条件で絞り込みをかけているか。「例えば、購買履歴や行動データの活用など、ターゲットの絞り込みにデータをどう活用したか、それが戦略の中でどう位置づけられているかもしっかりと記入を」と最終審査委員である日本ダイレクトメール協会の椎名専務理事は話す。

そしてこのエントリーシート全体で最も重要なのが、「実際概要」欄。「審査委員はこの欄から全体像をつかむ。丁寧かつコンパクトに、アピールしたい点をわかりやすく伝えましょう」（椎名氏）。

書き方に悩む難関ポイント 「実施効果」編

「実施効果」は実際の数値を書き込む必要があるため、どこまで情報を開示すべきか迷う方も多いところ。「開示しにくい部分もあるところですが、審査においては重要で議論の対象になる部分です。できる範囲で公開してほしい」（椎名氏）。

応募作品が入賞した場合、本年鑑などでDM作品の情報が公開されることになるが、その際は数値情報を非表示にすることも可能。審査段階ではできる限り実際の数値情報を記載することが、審査を通過する確率を高める。

実施効果の中でも中心的な数値となるのが「レスポンス率」。実際の数値が好ましいが、難しければ「従来比」「前回比」「対目標値」等、実際の数値に準じる評価を記入することで、どのようなインパクトが出たのか審査委員が推定できる。出せる数字は何があるかを考えながら、なるべく細かく記載していきたい部分だ。

また、「DMにより得られた効果、お客様の声など」には、お客様から寄せられた声やSNSでの反響を記載することで、審査委員の印象に残りやすくなる。具体的な声があれば、ぜひ記載を。

ターゲット

新規でも既存顧客でも「どのような」条件で設定したかが戦略上のポイントに。

実施期間

キャンペーンやオファーの設定をしている場合は、その期間も含めて記入を。複数信のシリーズの場合も、施策全体の期間がわかるように。

実際概要

重要！審査委員はこの欄から全体像をつかむ。丁寧かつコンパクトに、アピールしたい点をわかりやすく伝えるよう心がけよう。

実施経費

制作・印刷・オファー・発送・反応処理等含めたプログラム全体のコスト。審査項目の「実施効果」とも連動し、その根拠となる重要な部分。

発送数

同じように高いレスポンス率でも、発送数が数十〜100通など少ない場合よりも、数万通規模などで成果を出した施策の方が評価はされやすい。複数信の場合はそれぞれ記入を。

実施効果

審査の3本柱のひとつ。できる範囲で公開を。開示しにくい部分もあるところだが、審査においては重要で議論の対象になる部分。

※解説用に作成した架空の「紅茶お試しサンプル·DM」のエントリーシートです

第 37 回全日本DM大賞エントリーシート

受付番号　2000003

作品名	紅茶お試しサンプルDM
DMの役割	主に継続顧客化（Web・モバイル誘導）
ターゲット（ペルソナ・ユーザーモデル）	過去1年間で店舗でギフトをお申し込みいただいたことがある方
実施期間	2022/6/1　〜　2022/7/31

実施概要　DMを企画した目的・背景、DMに期待した効果、工夫した点や苦労した点、実施結果に対する評価など

当社は紅茶の老舗であるが、従来の店舗だけでの販売が年々低下しており、新たな販売ルートとして通販を実施することとした。しかし、既に多くの紅茶販売サイトがある中で、当社を選んでいただくためには、実際に紅茶を試していただくことが一番と思い、製品サンプルを入れられるDMによる販促を行うこととした。

商品情報

商品（サービス）名	紅茶ギフトセット
商品（サービス）の価格（平均購入単価）	4,000 円　価格（平均購入単価）が算出できない場合、斜線
実施経費	1,000,000 円　費用項目　DM制作費/郵送料/Web広告費
	（不明の場合は斜線をご記入ください）
発送数	4000 通

実施効果

レスポンス数	400	CPR（1回のレスポンスを得るための費用）費用÷レスポンス数	2,500	
注文者数	400	CPO（1回の注文を得るための費用）費用÷注文数	2,500	
売上	3,200,000 円	平均顧客単価	8,000 円	
レスポンス率	10 %	顧客LTV	24,000	

上記のレスポンス数の測定項目　注文・申込みの件数

DMにより得られた効果、お客さ…

DMを受け取ったお客さまからは「既…ど、たくさんの方から評価の声…

商品情報

商品（サービス）説明　商品（サービス）の特長…

アールグレイなど人気のフレーバー…味しさと香りがしっかりと出て、本…

マーケティング戦略

このDMで、解決したかった課題など

DMはお中元選びが始まる6月に送り…いただける可能性が高いと思い、1杯…を味わうことは少ない。しかし、自…ファーとしてサンプルを同梱した。

クリエイティブ

クリエイティブ（コピー、デザイン、パッケージのサ…

サンプルを入れることで封筒に膨ら…ようにするため、サンプル発送用に…を伝えるため、紅茶が健康にあたえ…

クロスメディア

クロスメディア（他のメディアとの連携）を実施した場合…また、ソーシャルメディアとの連携を実施した場合…

他に利用したメディア

キャンペーンWebサイト/SEO/Web…

メディアの組み合わせ方及び効果

キャンペーン用のWebサイトを用意…DMに予算をかけるよりもWeb広告…「DMを見て注文した」と回答して…

その他

DMを継続して利用している理由や、DMに関する…

購入を決めた理由として「サンプル…ルが重要な役割を果たしたと考えて…み合わせて今後も使用したい。

お客様から生の声は審査委員の印象に残りやすい。あればなおよい。

―シート　受付番号　2000003

DMにより得られた効果、お客さまの声など

DMを受け取ったお客さまからは「開けた瞬間に紅茶の香りが広がって驚いた」「小冊子の情報が参考になった」など、たくさんの方から評価の声をいただけた。　サンプルや小冊子が購買に与える影響の大きさを実感した。

商品情報
商品（サービス）説明　商品（サービス）の特徴について

アールグレイなど人気のフレーバーを集めたオリジナルの紅茶セット。三角型のティーバッグなので、茶葉がよく動き美味しさと香りがしっかりと出て、本格的な味が気軽に楽しめる。

マーケティング戦略
このDMで、解決したかった課題など

DMはお中元選びが始まる6月に送付。過去に店舗でギフトをお申し込みいただいたことのある方ならWebでも申し込んでいただける可能性が高いと思い、1年以内にギフト商品を購入された方を対象とした。ギフトを贈られる方は自らその商品を味わうことは少ない。しかし、自ら味わって納得してもらえればギフトを利用していただける可能性が高いと思い、オファーとしてサンプルを同梱した。

クリエイティブ
クリエイティブ（コピー、デザイン、パッケージのサイズ、構成など）のコンセプト、工夫した点、こだわった点、苦労した点などについて

サンプルを入れることで封筒に膨らみをもたせ、開けてみたくなるような効果を狙った。　また、紅茶の風味を失わないようにするため、サンプル発送用にパッキングの工夫を行い、香りのよさを届けた。　コーヒーや緑茶と違う紅茶の魅力を伝えるため、紅茶が健康にあたえる効果をまとめた小冊子も作成し同封した。

クロスメディア
クロスメディア（他のメディアとの連動）を実施した場合は、どのようなメディアをもとにし、DMとどのように組み合わせ、どのような効果が得られたかなどについて
また、ソーシャルメディアとの連動を実施した場合は、どのように波及し、共有されたかといった効果

他に利用したメディア

キャンペーンWebサイト/SEO/Web広告

メディアの組み合わせ方及び効果

キャンペーン用のWebサイトを用意したが、検索上位に表示されなかったためSEOで表示順位を適正化した。　当初はDMに予算をかけるよりもWeb広告だけの方がよいのでは、という意見もあったが注文時のアンケートで7割以上の方が「DMを見て注文した」と回答していることから、DMとデジタル施策との併用が効果的であった。

その他
DMを継続して利用している理由や、DMに期待していることについて

購入を決めた理由として「サンプルの紅茶がおいしかったから」という回答が多かったことからも、DMに同封したサンプルが重要な役割を果たしたと考えている。　デジタルはデジタルの、DMはDMのよさがあると実感したので効果的に組み合わせて今後も使用したい。

（左側の断片）

3方

7/31

組など

な販売ルートとして通販を実施することくためには、実際に紅茶を試していたた。

入単価）が算出できない場合、斜線

送料/Web広告費

の費用）	2,500
費用）	2,500
	8,000 円
	24,000

積極的に DM と他メディアの統合運用を意図している場合、戦略的な評価は高くなる。

商品情報

商品自体の訴求ポイントの説明等、戦略に関わる部分。DMの背景についての審査委員の理解をサポート。

マーケティング戦略

審査の3本柱のひとつ。近年の審査で重視される度合いが高まっている。DMが生まれた背景や理由、目的をしっかり語る。

クリエイティブ

審査の3本柱のひとつ。DM制作上での「売り」をアピール。力を入れた部分、反応を取るための工夫、クリエイティブ上の仕掛けの説明等。

クロスメディア

近年重要性が高まっている要素。DM単体ではなく他のメディアと一緒に使用した統合キャンペーンでの役割、他メディアと連携等があれば記入を。

他に利用したメディア

マス広告や折込チラシとの同時投入による相乗効果や、DM＋メール、DM＋電話など組み合わせた使い方も。

その他

できれば記入してもらいたい部分。審査上プラスになる。

制作・実施背景を細やかに補足する
「マーケティング戦略・クリエイティブ」編

「マーケティング戦略」と「クリエイティブ」は、「実施効果」と並ぶ審査の3本柱だ。特に「マーケティング戦略」は、近年ますます審査での重視の度合いが高まっている。

「クリエイティブの情報は審査で現物を見ればわかります。しかし戦略や成果については、見ただけではわからず、エントリーシートに記載がないと理解ができません。ですから、この部分がわざわざ応募用紙に記載すべき重要なパートである、ということです」（椎名氏）。

「マーケティング戦略」の記入内容を読むことで、審査委員はこのDMが生まれた背景や理由、目的を理解しようとする。ターゲット選定やクリエイティブのテーマ設定、キャンペーンの仕組みなど、「なぜこのような切り口のDMにしたのか」という戦略を定めた経緯が簡潔にまとまっていると、納得感が生まれる。

「クリエイティブ」は、現物から伝わる部分も多いが、制作側として特に力を入れた部分や工夫をした点、ターゲットに響かせるための仕掛け等を記入することで、DMの受け取り手の気持ちを想像しながら審査ができる。

書き方次第で戦略性に加点あり
「クロスメディア・その他」編

データドリブン時代と言われるようになってから、他メディアとの連携の方法も多様化・高度化している。パーソナライズなど高度な連携については、「クロスメディア」に記入することで戦略面での評価に大きく加点されることがある。キャンペーンサイトとの連携は応募作品に多く見られるが、「メディアの組み合わせ方及び効果」に二次元コードを読み取ってもらうためのデザインの工夫や、誘導先のWebページの操作の仕方をDMでわかりやすく説明するなどの工夫を記入することで、加点されることも。

「コロナ禍になって以降、リアルのイベントがオンラインイベントに置き換わり、プロモーションのプラットフォームもWebに移行しました。商品の購入の場も、リアル店舗からECへと移行しています。それに伴って、DMもデジタル上のプラットフォームに誘導する役割を持つことが増えました。DM単体というより、いわば『DMとWebの合わせ技』で一つのプロモーションとなっている事例が非常に増えている印象です。両者が渾然一体となってどう効果を発揮するか、全体の中でのDMの役割について、踏み込んだ形で記載していただきたいところです」（椎名氏）。

全日本DM大賞のサイトでは、椎名氏のインタビューが映像で見られるほか、過去受賞企業の実際のエントリーシートを題材に、よかった点を最終審査委員が解説するコンテンツも公開中なので、そちらも併せてぜひ参照してほしい。

81

審査委員紹介 <small>（順不同・敬称略）</small>

審査委員長

恩藏 直人
早稲田大学　商学学術院 教授

審査を振り返って感じたキーワードは、「戦略性」「パーソナライズ」「データドリブン」です。グランプリに輝いた「テンキーチョコ」、金賞に輝いた「ストーリーインハワイアンズ」「Indeed Japan大手企業向けDM」などは、上記のキーワードを見事に体現しています。こうしたDMの進化の背後にあるのは、マーケティング・マインドの浸透だと思います。単にDMを実施するだけではなく、マーケティング全体におけるDMの位置づけが明確化されてきています。

最終審査委員

明石 智子
マーケティングコンサルタント

コロナ禍の影響が続く中、今回は戦略アイデアが光るDMが目立ち、全体的に安定感があった印象です。BtoB領域での活用は一層磨きがかかっており、営業代替の手段としてすっかり定番化しました。DMと一体化して個別の専用Webを用意するパーソナライズ手法は、今後の進化に期待です。デジタルでの接触が主軸の今、紙ならではの体験、温かみ、周りとのつながりを促すクリエイティブが一層大事になってくると感じています。

秋山 具義
デイリーフレッシュ
クリエイティブディレクター
アートディレクター

freeeのテンキーチョコやスパリゾートハワイアンズの参加型DMなど、上位に入賞した作品には、ユーザーの気持ちを考えた素晴らしいものもありましたが、全体的に見ると、今年は審査会で新しいDMに出会えた!という喜びはなかったです。次回は、「こんなDMの使い方があったのか!」と誰もが驚くようなものを期待しています。

音部 大輔
クー・マーケティング・カンパニー
代表取締役

今年も触覚や嗅覚、味覚など、視覚や聴覚以外の感覚器に訴えるアイデアが揃いました。加えて、ネットコンテンツとの連携を企図したものも出てきて、新しい展開がはじまった印象です。また、IoT/デジタル/通信などを本業とする企業からの応募が目立ったことも特筆に値すると思います。DMに固有の身体性の知覚刺激は、代替が効きにくいものであることが広く認識されていることを示しているようです。

加藤 公一 レオ
売れるネット広告社
代表取締役社長 CEO

私は20年以上デジタルの世界にいますが、今はメルマガをはじめとしたデジタルCRMの効果が毎年劇的に落ちています。今年の作品は、単純に告知だけではなく"回覧させる・遊ばせる・記入させる・保存させる・食べさせる(笑)"などなどデジタルには到底マネができないアナログだからこそできる「使えるDM」が多かった気がします。『デジタルの時代だからこそアナログのDM』がこれからは強いのです!

上島 千鶴
Nexal
代表取締役

今年から最終審査員として初参加させていただきました。DMは個人でも法人でも、お客様との接点の1つではありますが、どの作品も以下の点が逸脱でした。1.お客様の置かれた状況やタイミングの精度 2.五感を活用し相手に寄り添った体験内容 3.期待する行動変容と成果。多岐に渡るデータやテックを活用し、体験型の双方向コミュニケーションとしてDMを最大限活用する仕組みは、高度化していると感じました。来年も唸るような取り組みを期待しています。

椎名 昌彦
日本ダイレクトメール協会
専務理事

コロナ期に増加したBtoBのDMは今回も受賞作の3分の1と定着、新規のリード獲得をインパクトのあるクリエイティブで実現するものが主体でした。一方、BtoCのDMは既存顧客へのリピートや継続を目的としたものが多くを占めました。顧客データを消化したことがうかがえる、ターゲットに寄り添った丁寧で精緻なクリエイティブ表現が多く、派手なアイデアというよりもしっかり作られたタイプのDMが印象に残りました。

藤原 尚也
アクティブ
CEO

今年は、DMを受け取る顧客の行動や心理がしっかり考えられ、総合的に質の高い作品が多く見受けられました。手元に残るからこそ、単なる見栄えだけでなく、事前のセグメント方法やデジタルとの連動、そして効果を高めるための次のステップに繋がる施策と一連の流れがしっかり作られた作品が印象に残りました。次回においては、社会課題であるカーボンニュートラルやSDGsなどを考慮した施策に期待します。

宮野 淳子
MJ
代表取締役社長

データドリブンな世の中ならではの新たな取り組みが際立ちました。受け取り手の環境、ニーズをよく理解し、寄り添う形でデザインし、コミュニケーションを設計し成果を出すDMに可能性を感じました。開封率を上げる見た目のインパクト、届いたDMで遊べたり、熱量の高いメッセージなど、非常によく考えられていることに感動します。マーケティングジャーニーの中での役割を明確にし、実績への貢献方法までを設計したDMを来年も期待します。

斎藤 貴
日本郵便
郵便・物流事業企画部長

今回は、メッセージを紙で伝えることの力を再認識できるような、奇をてらわない作品が多かったように感じました。どの作品も、丁寧な顧客データ分析に基づいてターゲットを明確にした上で、確実にメッセージを届けるための創意工夫があり、改めてDMの訴求力を実感できました。デジタルを上手く利用しつつも、人の心の琴線に触れるアナログが持つ力を活かしたDMのアイデアを、引き続き期待しております。

二次審査委員

岩野 秀仁
マーケティングコンサルタント

withコロナにおいてDMを使った施策を再開もしくは新規に取り組み始めた業種・業界がある一方で、以前ほどDMに対する取り組みが積極的ではない業種・業界が分かれてきたなと感じました。また顧客に自社の社会貢献活動の取組みを伝え、その上で賛同を求める、いわゆる共創を生み出すためにDMを活用する会社もあり、アイデア次第で様々な企業活動の場面に対し活用可能な幅広い広告メディアであることを改めて実感しました。

岡本 幸憲
グーフ
代表取締役 CEO

昨年に続き、お手紙を読む相手に寄り添い、繋がりを意識し丁寧にデザインされた作品が増えていること。今回審査した作品の多くが明確な課題を持ち、デジタルとの心地よいバランスで実践すべきコミュニケーションの極みを尽くし、"量"よりも"質"で高い成果を出していたコトにも喜びも感じました。多様化する市場の中で、DMは"顧客との相思相愛に欠かせないメディアなんだ"と再認識できたことが何よりも嬉しかったです。

奥谷 孝司
顧客時間 共同CEO 取締役
オイシックス・ラ・大地
専門役員 COCO
イー・ロジット 社外取締役
Engagement

コロナ禍を経て、マーケティングツールとしてDMは進化しました。今回の審査でもしっかりと感動体験設計と、定量的成果を出したものが評価されています。一方でこれからの時代にDMの価値をさらに高めるにはという課題も見えました。いかにサステナブルで、スマートで、本物の体験価値をお伝えするものに進化できるか？スマートなDMだけでは、人の心は掴めない。お客様感動を生み出すDMとは何か？さらなるDMの進化を共に考えていきましょう。

河中 裕哉
ADKマーケティング・ソリューションズ
エクスペリエンスデザインセンター
バーチャスクリエイティブ室
クリエイティブ・ディレクター

読もうと思わずとも、自然に手に取り、開封してしまう。そんな記憶に残るDMがいくつかありました。それらはみな、読み手が求めていることと書き手が伝えたいことが「意外かつ絶妙なバランス」で一致していました。形状、紙質、グラフィック、コピー、書体などの構成要素を使ってこのバランスをとるのはなかなか簡単なことではありませんが、成功すれば素晴らしい体験（とその先の結果）につながる。そう実感しました。

隈元 夏葉子
博報堂プロダクツ
データビジネスデザイン事業本部
CRMデザイン2部
シニアデータベースマーケター
日本プロモーショナルマーケティング学会員

今回初めて審査に加わらせていただきましたが、応募作品を通じDMの原点である「直接個別にお知らせする意義」を再認識しました。それぞれ状況が異なる受け手の立場を踏まえ「受け手の得になる情報」を訴求する点から、改めて「寄り添いメディア」としての本領を見た気がします。次回はデジタル社会の中、リアルメディアとして直接手元に届くメリットをどう活かすか、というDX融合にも注目したいと思います。

齋藤 愛
富士フイルム
ビジネスイノベーションジャパン
グラフィックコミュニケーション営業統括部
グラフィックコミュニケーション販売推進部
マーケティングDXグループ　グループ長

DMを受け取った人がどう感じて、どのように行動したいと思うか、そこに不便や不安などの「不」はないか…受け取り手の気持ちに寄り添った、愛に溢れた作品が多く見られました。様々な領域でDX化が進む今、DMは大切にしたい人とつながるための有効なツールとして存在感を増しています。今後、オンライン・オフラインにまたがる多種多様なデータを活用することで、ますますその可能性が広がることを期待しています。

末次 一子
電通ダイレクト
ソリューション室
ソリューション2部長
CRMコンサルティングディレクター

本年はDXやパーソナライズ化で大きな成果を出したDMが増えました。一方、ご高齢者の息遣いを感じるような共感度の高い手書きの情報誌や、ストレートなお願いで顧客を動かした施策、BtoBでは思わずシェアしたくなる回覧型や味覚で体験できる試みなど、改めてDMの多様性や印象深い顧客体験を実現するメディアであることを実感しました。印象深くても違和感が無いのはターゲット理解と戦略が優れているからでしょう。

中井 孔美子
TOPPANエッジ
企画販促統括本部 企画販促本部
総合企画部 調査研究グループ
マネージャー

デジタルとの融合でDMの効果は可視化され、顧客に対してより緻密なアプローチが可能となりました。見た目の華やかさだけではなく、受け手の体験を含め、丁寧に作り込まれた作品が増えてきたなと感じます。それにSDGsなどの時世を反映した企画が盛り込まれ、DMはまだまだ発展の余地があるなと実感した審査会でした。次回も、DMの可能性を見出す素晴らしい作品を期待しています。

早川 剛司
ファンベースカンパニー
ファンベースプランナー

SDGsの取り組みで、社会課題解決と共に企業課題解決につなげたDM施策は好評価でした。全体としては経年比較して小粒感はありましたが、初めてDMにチャレンジした企業の制作物を拝見していると、長年DM大賞を実施する意義でもある、成功事例からの学び・裾野を広げる役割として機能している印象を持ちました。DMを活用する企業の経験差は当然あれど、今後もDMメディアの底上げにつながることを期待します。

吉川 景博
フュージョン
アカウントリレーショングループ
エグゼクティブマーケティング
ディレクター

BtoC、BtoBとも、受け取る顧客視点を意識してしっかり練られた作品が多くありました。変化への適応が求められたこの数年、顧客とのコミュニケーションはあらゆるメディアと連携した「顧客体験の最適なシナリオ設計」が鍵となります。その中でDMは、顧客に"直接""手元に""モノ"を届けることのできる行動喚起メディアとして見直されています。DMならではの優位性を活かした「紙×デジタル」での戦略的シナリオ設計で考えられたDMに期待します。

米村 俊明
電通
ラジオテレビビジネスプロデュース局
ダイレクトマーケティング部
シニアプロデューサー

本年は、例年になく審査の難しさを感じました。業種や戦略カテゴリーも拡大し、全体水準が底上げされるなか、クリエイティブ一発勝負のような作品は減少し、コスト効率も考慮されたより実務的な作品が多い傾向でした。応募書類を熟読して審査にあたっていますので、応募の際は、より詳細な情報を記載してください。次回も、紙ならではの特性を活かし、お客様へ「想いを伝える」ことを丁寧に考え抜いた作品との出会いに期待しています。

寺田 健一
日本郵便
郵便・物流営業部課長

デジタルでのアプローチが当たり前となっている昨今において、企業のメッセージを伝えたい人に直接届けることが出来る「紙」のDMが、丁寧なコミュニケーションとして見直されていると感じた審査会でした。また、派手で一旦は目が行くものより、受け取り手のことを考え抜いて丁寧に作り上げられた作品が増えていることに、DMの持つ本来の価値を再認識しつつ、今後もDMの可能性が広がり続けることに期待します。

全日本DM大賞 応募のためのFAQ

実際に発送されたDMを募集し、優れた作品と、その広告主・制作者を表彰する「全日本DM大賞」。
本賞は、あなたの企画したDMが客観的に評価される絶好のチャンスでもあります。
過去の受賞者からは、「自分のプロジェクトが社内で重要視されるようになった」
「DM施策が進めやすくなった」といった声もよく聞かれます。あなたもぜひ応募してみませんか。
ここでは全日本DM大賞の応募時に寄せられるご質問をまとめましたので参考にしてください。

Q 応募資格はありますか?

実際に発送されたDMの広告主、制作者であればどなたでも応募できます。複数点数の応募も可能です。なおシリーズもの、同一キャンペーンものは合わせて1点とします。

応募時は、作品1件ごとに応募フォームより必要事項を記入します。

Q 審査ではどんな点を評価しているのですか?

審査の対象は、DM作品は外封筒、同封物などすべてになります。

参考資料を添付いただいての応募も可能です。例えばDMと連動したキャンペーンサイトのプリントアウト、動画を収めたDVD、新聞広告の実物またはコピーなどを添付することができます。なお公平な審査を行うため、参考資料内に所属企業や個人名が特定できるロゴや名前の表記があった場合は審査対象外になりますのでご注意ください。

審査の過程は、一次審査(応募フォーム記載情報に基づく審査)、二次審査(二次審査委員によるスコアリング)を経て、最終審査で最終審査委員によるスコアリング、協議および投票により入賞作品を決定します。

スコアリングは、応募されたDMおよび応募フォーム記載情報に基づき、「戦略性」「クリエイティブ」「実施効果」の3項目について各審査委員が5段階で評価しています。

Q 応募料、出品料など、費用が発生することはありますか?

応募、受賞について、応募料、出品料などの費用が発生することはありません。作品をお送りいただく郵送料のみ、ご負担いただきます。

Q 郵便以外のメール便で発送しているDMも応募可能ですか?

信書に該当するものが含まれていないなどの場合は可能です。以前の入賞作品にも実績があります。

Q レスポンス率など、応募時に記入が必須の項目について、具体的な数値を書くことはできないのですが、どうすればいいですか?

必須項目は、わかる範囲で構いませんので、ご記入ください。レスポンス率など指定された項目について記入できない場合も、他の定量的効果や定性的効果などをできる限り記載してください。

なお応募フォームの記載内容は無断で公表いたしません。必須項目は審査の重要なポイントになりますので、できるだけ具体的にご記入ください。公表する場合は、事前に確認させていただきます。

Q 賞金はありますか?

賞金はありませんが、上位入賞作品は、そのDMの広告主、制作者とともに、書籍などでご紹介いたしますので、広くパブリシティできるメリットがあります。また贈賞式、贈賞パーティーへのご招待などもございます。

次回の全日本DM大賞の詳細については、2023年夏頃より順次発表していく予定です。詳細は全日本DM大賞の公式サイト https://www.dm-award.jp/ などをご覧ください。応募・審査の方法については、変更になる可能性もあります。

第 3 部

ヒト・モノが動く!
効果の上がる
DMの秘訣

DMメディア
実態調査2022（抜粋）

日々発送されるさまざまなDMを生活者はどのように受け取っているのか。
日本ダイレクトメール協会が実施した調査データを基に、DMの種類や閲覧状況、
生活者がDMに持つ印象や行動に与える影響などについて読み解く。

「DMメディア接触状況・効果測定に関する調査」

調査期間	2022年 12月6日〜8日（事前調査） 12月9日〜25日（本調査）
調査対象	関東エリアの20〜59歳男女
調査方法	インターネットリサーチ
有効回答数	12971サンプル（事前調査） 200サンプル（本調査）
調査機関	マクロミル

（一社）日本ダイレクトメール協会 実施

DATA 1
1週間の DM受け取り通数 （自宅合計）

受け取り通数は平均7.8通
「5通未満」が最も多く65%。平均受取通数は7.8通だった。内訳を見ると、男性は20代、女性は40代がそれぞれ多い。世帯年収別で見ると、世帯年収が高いほど平均受け取り通数も多くなる傾向。

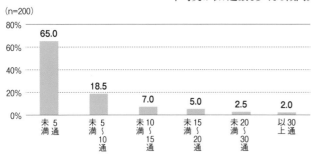

(n=200)

- 未満 5通: 65.0
- 5〜10通未満: 18.5
- 10〜15通未満: 7.0
- 15〜20通未満: 5.0
- 20〜30通未満: 2.5
- 30通以上: 2.0

DATA 2
DMの宛先

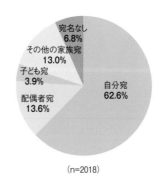

- 宛名なし 6.8%
- その他の家族宛 13.0%
- 子ども宛 3.9%
- 配偶者宛 13.6%
- 自分宛 62.6%

(n=2018)

最も多いのは「自分宛」
世帯で受け取ったDMの宛先は「自分宛」が最も多く63%。「配偶者宛」が14%、「その他の家族宛」が13%を占める。

DATA 3
DM送付元の業種

DM送付元で最も多い業種は「通信販売メーカー」

DMの送付元の業種を全体で見ると「通信販売メーカー」が23%で最も多く、「保険関連」（8%）と「食料品メーカー・食料品関係」（8%）が続く。男女に特徴的な差はなく、世帯年収別で見るとM層（500〜900万円未満）で「通信販売メーカー」の割合が特に高いのが特徴的だった。

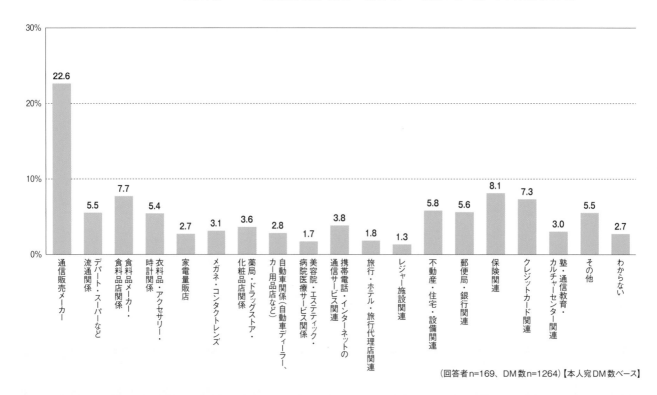

- 通信販売メーカー: 22.6
- デパート・スーパーなど流通関係: 5.5
- 食料品メーカー・食料品店関係: 7.7
- 衣料品・アクセサリー・時計関係: 5.4
- 家電量販店: 2.7
- メガネ・コンタクトレンズ: 3.1
- 薬局・ドラッグストア・化粧品店関係: 3.6
- 自動車関係（自動車ディーラー、カー用品店など）: 2.8
- 病院医療サービス関係: 1.7
- 美容院・エステティック・通信サービス関係: 3.8
- 携帯電話・インターネットの通信サービス関連: 1.8
- 旅行・ホテル・旅行代理店関連: 1.3
- レジャー施設関連: 5.8
- 不動産・住宅・設備関連: 5.6
- 郵便局・銀行関連: 8.1
- 保険関連: 7.3
- クレジットカード関連: 3.0
- 塾・通信教育・カルチャーセンター関連: 5.5
- その他: 2.7
- わからない

（回答者n=169、DM数n=1264）【本人宛DM数ベース】

DATA 4
DM案内内容

DM案内内容は「新商品・サービス案内」が最も多い

本人宛のDM案内内容は「新商品・サービス案内」が35%で最も高く、「商品・サービスの利用明細・請求書」(23%)、「特売・セール・キャンペーンの案内」(17%)が続く。世帯年収H層(900万円以上)

で「商品・サービスの紹介記事・読みもの」が増加する傾向があり、L層(500万円未満)では「商品・サービスの利用明細・請求書」「保険・証券などの更新・見直し・売買の案内」の割合が高い。

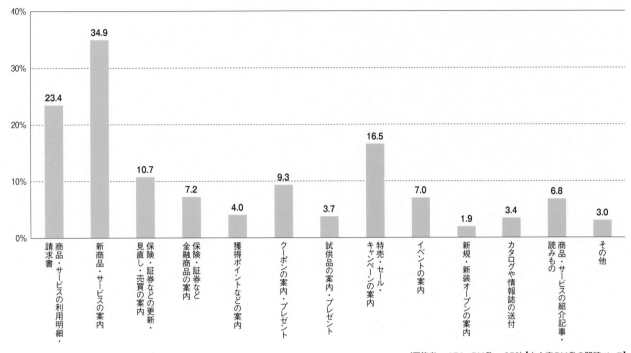

(回答者n=154、DM数n=953)【本人宛DM数の閲読ベース】

DATA 5
DM閲読状況

男女とも75%がDMを読んでいる

自分宛のDMの閲読率は男女ともに75%と同水準だった。男女ともに40代が最も高く、それぞれ84%、88%で全体を10ポイント近く上回った。一番閲読率が低いのは、女性30代の50%だった。未既婚子ど

も有無別では、既婚子どもありが最も高く、既婚子どもなしと20ポイント以上の差があった。世帯年収別ではM層(500〜900万円未満)がやや低い結果となった。

		読んだ	読まなかった
(%)			
	全体 (1264)	75.4	24.6
性別	男性 (861)	75.5	24.5
	女性 (403)	75.2	24.8
性年代別	男性20代 (240)	78.8	21.3
	男性30代 (249)	76.7	23.3
	男性40代 (170)	84.1	15.9
	男性50代 (202)	62.9	37.1
	女性20代 (68)	80.9	19.1
	女性30代 (116)	50.0	50.0
	女性40代 (158)	88.0	12.0
	女性50代 (61)	83.6	16.4
未既婚子ども有無別	未婚 (762)	75.2	24.8
	既婚子どもなし (130)	66.9	33.1
	既婚子どもあり (372)	78.8	21.2
世帯年収別	H (900万円以上) (299)	76.6	23.4
	M (500〜900万円未満) (421)	71.7	28.3
	L (500万円未満) (448)	76.1	23.9

【本人宛DM数ベース】

DATA 6

DMとEメール・メルマガの閲読状況

「ほとんど開封して目を通す」は、DMがEメールの約2倍

DMの閲読状況は「ほとんど開封して目を通す」が50%と最多。Eメール・メルマガでは「タイトルを見て読むかどうか決める」が35%と最も高くなっており、メールのタイトルの重要性が見て取れる。全ての性別・年代において、DMがEメール・メルマガの閲読率を上回っていた。男女別では、男性よりも女性の方が「ほとんど開封して目を通す」割合が高かった。

◆ ダイレクトメール ◆ (%)

		ほとんど開封して目を通す	封筒やはがき、Eメールのタイトルを見て読むかどうか決める	差出人や企業名を見て読むかどうか決める	ほとんど開封せずに捨てる、削除する
	全体(200)	50.0	21.5	21.0	7.5
性別	男性(102)	43.1	23.5	22.5	10.8
	女性(98)	57.1	19.4	19.4	4.1
性年代別	男性20代(16)	62.5	12.5	12.5	12.5
	男性30代(30)	43.3	23.3	26.7	6.7
	男性40代(25)	48.0	20.0	16.0	16.0
	男性50代(31)	29.0	32.3	29.0	9.7
	女性20代(21)	61.9	14.3	19.0	4.8
	女性30代(25)	64.0	16.0	16.0	4.0
	女性40代(32)	53.1	28.1	15.6	3.1
	女性50代(20)	50.0	15.0	30.0	5.0
未既婚子ども有無別	未婚(108)	47.2	22.2	19.4	11.1
	既婚子どもなし(27)	55.6	22.2	22.2	
	既婚子どもあり(65)	52.3	20.0	23.1	4.6
世帯年収別	H(900万円以上)(47)	44.7	23.4	21.3	10.6
	M(500~900万円未満)(62)	56.5	24.2	14.5	4.8
	L(500万円未満)(63)	52.4	20.6	19.0	7.9

【全体ベース】

◆ Eメール・メルマガ ◆ (%)

		ほとんど開封して目を通す	封筒やはがき、Eメールのタイトルを見て読むかどうか決める	差出人や企業名を見て読むかどうか決める	ほとんど開封せずに捨てる、削除する
	全体(200)	26.5	34.5	24.0	15.0
性別	男性(102)	25.5	34.3	22.5	17.6
	女性(98)	27.6	34.7	25.5	12.2
性年代別	男性20代(16)	56.3	18.8	18.8	6.3
	男性30代(30)	16.7	30.0	33.3	20.0
	男性40代(25)	28.0	36.0	16.0	20.0
	男性50代(31)	16.1	45.2	19.4	19.4
	女性20代(21)	28.6	42.9	14.3	14.3
	女性30代(25)	36.0	20.0	32.0	12.0
	女性40代(32)	25.0	43.8	21.9	9.4
	女性50代(20)	20.0	30.0	35.0	15.0
未既婚子ども有無別	未婚(108)	25.0	34.3	25.9	14.8
	既婚子どもなし(27)	44.4	29.6	25.9	
	既婚子どもあり(65)	21.5	36.9	20.0	21.5
世帯年収別	H(900万円以上)(47)	21.3	44.7	17.0	17.0
	M(500~900万円未満)(62)	25.8	43.5	16.1	14.5
	L(500万円未満)(63)	33.3	27.0	28.6	11.1

【全体ベース】

凡例: ■ ほとんど開封して目を通す　□ 封筒やはがき、Eメールのタイトルを見て読むかどうか決める　■ 差出人や企業名を見て読むかどうか決める　□ ほとんど開封せずに捨てる、削除する

DATA 7

開封・閲読するDM情報内容

購入・利用経験がない企業からのDMでも、クーポンや試供品プレゼントへの関心は高い

購入・利用経験がある企業・団体からのDMの開封・閲読率は93%で、購入・利用経験がない企業・団体よりも高い。「クーポンの案内・プレゼント」「特売・セール・キャンペーンの案内」「試供品の案内・プレゼント」は購入・利用経験がない企業・団体からのDMの方が高い結果となっており、オファーがあることで開封・閲読率は高まることがわかる。

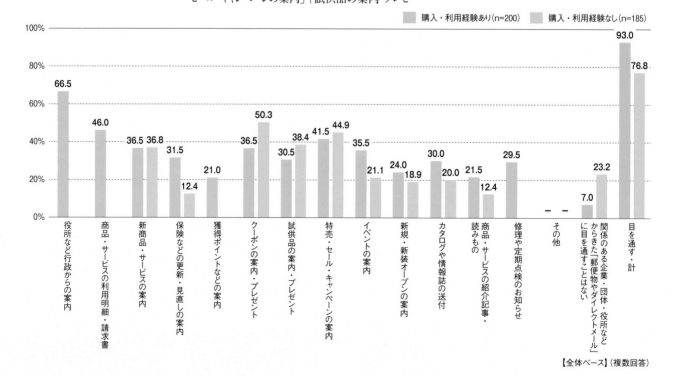

凡例: ■ 購入・利用経験あり(n=200)　■ 購入・利用経験なし(n=185)

【全体ベース】（複数回答）

DATA 8
DMのタイプ・形態
（自宅合計）

「はがき（圧着含む）」タイプのDMが全体の過半数を占める

DMのタイプ・形態を全体で見ると、「はがき」（29%）が最も高く、「圧着型のはがき」および「A4サイズはがき（圧着含む）」も含めると全体の過半数を占める。差出人業種別で見ると、美容院・エステティッ

ク関係で「はがき」の活用割合が特に高く、薬局・ドラッグストア・化粧品関係では「小包」が活用されている。宛先別で見ると、子ども宛で「大型の封書（A4サイズ以上）」が33%と特徴的。

(%)		はがき	圧着型のはがき	A4サイズはがき	圧着型のA4サイズはがき	大型の封書(A4サイズ以上)	封書(A4サイズ未満)	小包	その他
	全体(2018)	28.9	16.5	5.8	3.9	9.3	20.5	2.0	13.1
閲読状況別	読んだ(1312)	31.7	17.6	5.3	3.7	7.9	18.5	2.1	13.2
	読まなかった(706)	23.8	14.3	6.7	4.2	11.9	24.2	2.0	12.9
DM差出人業種別	通信販売メーカー(404)	28.2	13.1	7.4	5.4	7.4	12.9	3.0	22.5
	デパートなど流通関係(111)	45.0	15.3	9.9	2.7	4.5	12.6	1.8	8.1
	食料品メーカー・食料品店関係(149)	34.9	12.1	5.4	4.7	4.0 7.4	4.7		26.8
	衣料品・アクセサリー・時計関係(110)	41.8	15.5	6.4	0.9	8.2	18.2	2.7	6.4
	家電量販店(57)	36.8	35.1		3.5	1.8	19.3		3.5
	メガネ・コンタクトレンズ(51)	41.2	23.5		5.9	7.8	13.7		7.8
	薬局・ドラッグストア・化粧品店関係(62)	43.5	16.1	4.8	3.2	9.7	12.9	6.5	3.2
	自動車関係(自動車ディーラー、カー用品店など)(74)	31.1	20.3	10.8	4.1	9.5	17.6		6.8
	美容院・エステティック関連(46)	52.2	13.0	2.2	4.3	6.5	10.9	2.2	8.7
	携帯電話・インターネットの通信サービス関連(78)	19.2	17.9	10.3	9.0	12.8	21.8	2.6	6.4
	旅行・ホテル・旅行代理店関連(33)	18.2	9.1	6.1	12.1	15.2	12.1		27.3
	レジャー施設関連(27)	25.9	14.8	3.7		22.2	22.2	3.7	7.4
	不動産・住宅・設備関連(136)	19.1	3.7 4.4	5.9		22.1	27.2		17.6
	郵便局・銀行関連(104)	14.4	19.2	1.9 5.8	5.8		46.2	1.9	4.8
	保険関連(144)	22.9	24.3	3.5	4.2		41.7		3.5
	クレジットカード関連(128)	28.9	34.4		4.7 0.8 3.1		24.2		3.9
	塾・通信教育・カルチャーセンター関連(117)	28.2	10.3	6.8	5.1	29.1	12.8	1.7	6.0
DMの宛先	自分宛(1264)	31.0	17.9	4.7	3.5	7.0	20.3	1.8	13.7
	配偶者宛(275)	26.2	18.5	6.9	4.7	11.6	26.9	2.9	2.2
	子ども宛(79)	27.8	8.9	8.9	8.9	32.9		10.1	2.5
	その他の家族宛(262)	23.3	14.9	5.7	5.0	13.0	23.3	2.7	12.2
	宛名なし(138)	26.8	6.5	11.6	1.4 4.3	10.1	0.7	38.4	

【全DM数ベース】

DATA 9
DMに希望する情報内容

欲しいのはクーポンやプレゼント、試供品などの情報が載ったDM

DMに希望する情報内容として挙げられたのは「クーポンの案内・プレゼント」が45%と最も高く、次いで「試供品の案内・プレゼント」（35%）、「特売・セール・キャンペーンの案内」（35%）となっている。男女別で見

ると、男性よりも女性の方が、「特売・セール・キャンペーンの案内」「イベントの案内」を希望する割合が10ポイントほど高い。

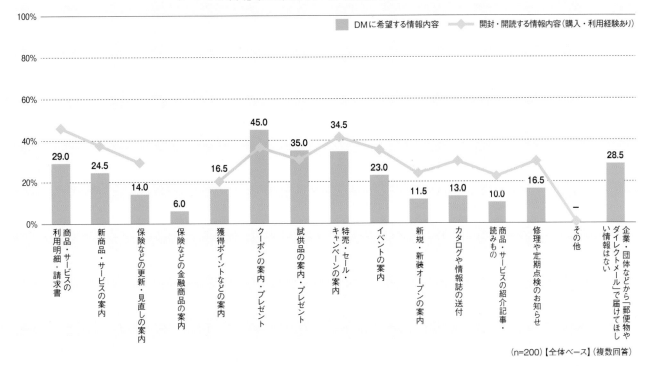

凡例：■ DMに希望する情報内容　◆ 開封・開読する情報内容（購入・利用経験あり）

項目	値
商品・サービスの利用明細・請求書	29.0
新商品・サービスの案内	24.5
保険などの更新・見直しの案内	14.0
保険などの金融商品の案内	6.0
獲得ポイントなどの案内	16.5
クーポンの案内・プレゼント	45.0
試供品の案内・プレゼント	35.0
特売・セール・キャンペーンの案内	34.5
イベントの案内	23.0
新規・新装オープンの案内	11.5
カタログや情報誌の送付	13.0
商品・サービスの紹介記事・読みもの	10.0
修理や定期点検のお知らせ	16.5
その他	－
企業・団体などから「郵便物やダイレクトメール」で届けてほしい情報はない	28.5

(n=200)【全体ベース】（複数回答）

89

DATA 10
自分宛の DM閲読後の行動

行動喚起率は19%、最も多い行動は「インターネットで調べた」

DMの閲読後に何らかの行動を起こした割合（行動あり・計）は全体で19%。具体的な行動の中では、「内容についてインターネットで調べた」（8%）が最も高く、次いで「商品・サービスに関する問い合わせを した」（5%）となっている。DM形状別で見ると、「小包」「A4サイズはがき」「はがき」の順で行動を起こした割合が高かった。

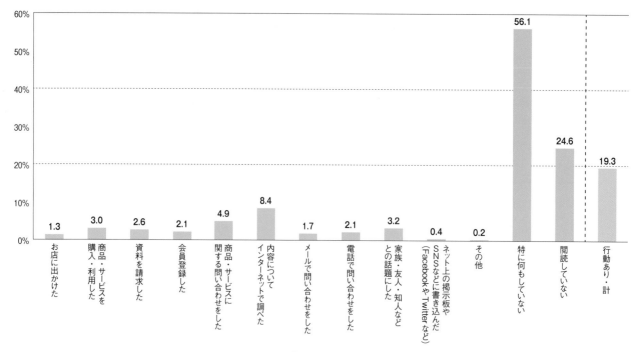

（回答者数n=169、DM数n=1264【本人宛DM数ベース】（複数回答）

DATA 11
自分宛のDM閲読後の 行動理由

「ちょうど良いタイミングだったから」が最多で54%

本人宛DM閲読後の行動理由は、「ちょうど良いタイミングだった」が54%で最も高く、「興味のある内容だった」が42%で続く。送付タイミングが合っていることが行動に繋がる重要なファクターであることがわかる。「クーポンなどの特典があったから」（17.6%）、「割引特典に魅かれたから」（16.4%）など、クーポンや割引などのオファーにも一定の効果が見られた。

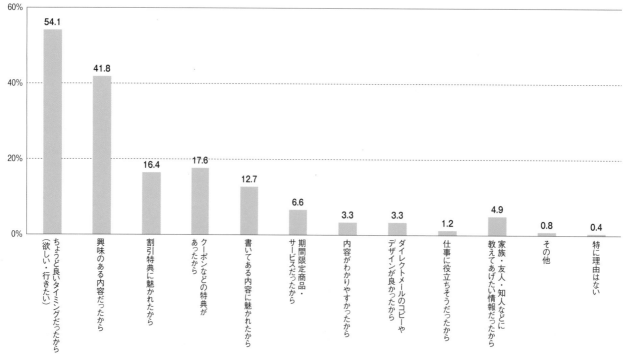

（回答者n=43、DM数n=244）【本人宛DM閲読後行動者ベース】（複数回答）

DATA 12
閲読後のDMの扱い

閲読後のDMの扱いで最も多いのは「自分が保管」

閲読後のDMの扱いは、全体では「自分が保管」が34%、「家族や友人・知人に渡した」が11%、「捨てた」が55%となった。DMの形状別で見ると「小包」は保管すると答えた人が過半数を超えており、手元に残るDMになる可能性が高いことがわかる。差出人業種別では、食料品メーカー・食料品店関係、デパートなど流通関係、レジャー施設関係のDMを保管すると答えた人が4割を超えた。

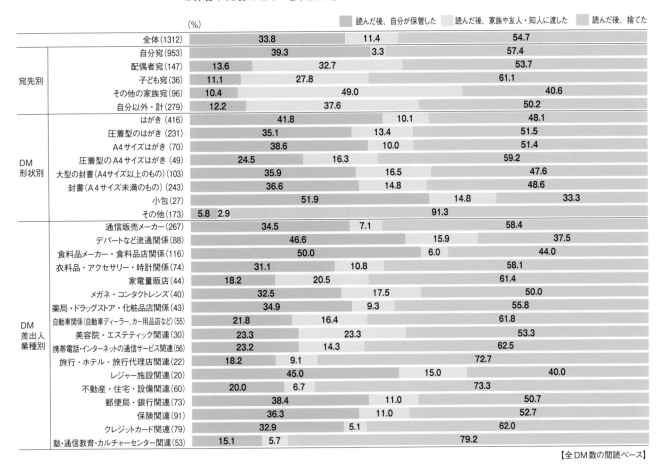

(%)

		読んだ後、自分が保管した	読んだ後、家族や友人・知人に渡した	読んだ後、捨てた
	全体(1312)	33.8	11.4	54.7
宛先別	自分宛(953)	39.3	3.3	57.4
	配偶者宛(147)	13.6	32.7	53.7
	子ども宛(36)	11.1	27.8	61.1
	その他の家族宛(96)	10.4	49.0	40.6
	自分以外・計(279)	12.2	37.6	50.2
DM形状別	はがき(416)	41.8	10.1	48.1
	圧着型のはがき(231)	35.1	13.4	51.5
	A4サイズはがき(70)	38.6	10.0	51.4
	圧着型のA4サイズはがき(49)	24.5	16.3	59.2
	大型の封書(A4サイズ以上のもの)(103)	35.9	16.5	47.6
	封書(A4サイズ未満のもの)(243)	36.6	14.8	48.6
	小包(27)	51.9	14.8	33.3
	その他(173)	5.8	2.9	91.3
DM差出人業種別	通信販売メーカー(267)	34.5	7.1	58.4
	デパートなど流通関係(88)	46.6	15.9	37.5
	食料品メーカー・食料品店関係(116)	50.0	6.0	44.0
	衣料品・アクセサリー・時計関係(74)	31.1	10.8	58.1
	家電量販店(44)	18.2	20.5	61.4
	メガネ・コンタクトレンズ(40)	32.5	17.5	50.0
	薬局・ドラッグストア・化粧品店関係(43)	34.9	9.3	55.8
	自動車関係(自動車ディーラー、カー用品店など)(55)	21.8	16.4	61.8
	美容院・エステティック関連(30)	23.3	23.3	53.3
	携帯電話・インターネットの通信サービス関連(56)	23.2	14.3	62.5
	旅行・ホテル・旅行代理店関連(22)	18.2	9.1	72.7
	レジャー施設関連(20)	45.0	15.0	40.0
	不動産・住宅・設備関連(60)	20.0	6.7	73.3
	郵便局・銀行関連(73)	38.4	11.0	50.7
	保険関連(91)	36.3	11.0	52.7
	クレジットカード関連(79)	32.9	5.1	62.0
	塾・通信教育・カルチャーセンター関連(53)	15.1	5.7	79.2

【全DM数の閲読ベース】

DATA 13
One to One メッセージのパーソナライズ認知

「年齢、性別、誕生日などに関係したサービスの提供」の認知が最も高い

買った商品や保有ポイントなど取引状況に応じて、一人ひとりに合わせたメッセージやお薦めをするDMのパーソナライズ。その認知率は全体では61%で、具体的なパーソナライズの種類としては「年齢、性別、誕生日などに関係したサービスの提供」が31%と最も高く、次が「最近購入した商品関連のクーポン」(24%)だった。世帯年収が高いほど認知割合が高まる傾向も見られた。

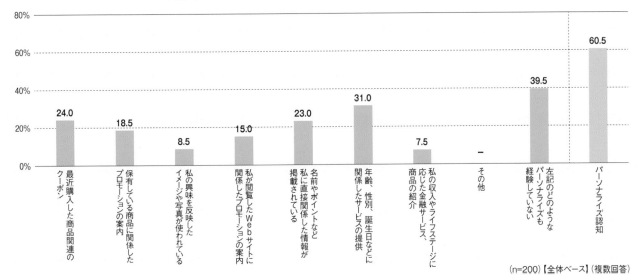

項目	%
最近購入した商品関連のクーポン	24.0
保有している商品に関係したプロモーションの案内	18.5
私の興味を反映したイメージや写真が使われている	8.5
私が閲覧したWebサイトに関連したプロモーションの案内	15.0
私に直接関係した情報が掲載されている	23.0
年齢、性別、誕生日などに関係したサービスの提供	31.0
名前やポイントなど商品の紹介	7.5
私の収入やライフステージに応じた金融サービス、商品の紹介	—
その他	
左記のどのようなパーソナライズも経験していない	39.5
パーソナライズ認知	60.5

(n=200)【全体ベース】(複数回答)

DATA 14
One to One メッセージの パーソナライズ開封意向

「開封意向あり」と答えた人は全体の47%

パーソナライズされたDMの開封意向は「開封、閲読してみたい」が14%、「まあ開封、閲読してみたい」が33%で、全体で47%だった。男女別では、男性よりも女性の方が開封意向は高かった。未既婚子ども有

無別で見ると、「既婚子どもなし」が最も開封意向が高く、56%だった。世帯年収については、L層（500万円未満）とM層（500万円～900万円未満）で開封意向が高い傾向があった。

凡例: 開封、閲読してみたい ／ まあ開封、閲読してみたい ／ どちらともいえない ／ あまり開封、閲読したくない ／ 開封、閲読したくない ／ わからない

(%)

		開封、閲読してみたい	まあ開封、閲読してみたい	どちらともいえない	あまり開封、閲読したくない	開封、閲読したくない	わからない
	全体(200)	14.0	32.5	25.0	8.0	12.0	8.5
性別	男性(102)	15.7	27.5	28.4	6.9	11.8	9.8
	女性(98)	12.2	37.8	21.4	9.2	12.2	7.1
性年代別	男性20代(16)		50.0	18.8	18.8	12.5	
	男性30代(30)	6.7	36.7	30.0	13.3	3.3	10.0
	男性40代(25)	20.0	32.0	20.0	4.0	16.0	8.0
	男性50代(31)	3.2	19.4	38.7	6.5	16.1	16.1
	女性20代(21)	9.5	38.1	19.0	14.3	4.8	14.3
	女性30代(25)	16.0	32.0	28.0	4.0	16.0	4.0
	女性40代(32)	15.6	40.6	18.8	12.5	9.4	3.1
	女性50代(20)	5.0	40.0	20.0	5.0	20.0	10.0
未既婚子ども有無別	未婚(108)	14.8	31.5	25.0	7.4	13.0	8.3
	既婚子どもなし(27)	18.5	37.0	22.2	7.4	7.4	7.4
	既婚子どもあり(65)	10.8	32.3	26.2	9.2	12.3	9.2
世帯年収別	H(900万円以上)(47)	8.5	40.4	23.4	12.8	6.4	8.5
	M(500～900万円未満)(62)	17.7	33.9	25.8	6.5	6.5	9.7
	L(500万円未満)(63)	20.6	31.7	20.6	6.3	15.9	4.8

【全体ベース】

DATA 15
WebアクセスDMの 受け取り・アクセス経験

DMに記載されたWebメディアへのアクセス経験は35%

二次元コード、ARマーカー、SNSなど、直接WebメディアにアクセスするようなDMを受け取ったことがあると回答した割合（「ある」「たまにある」）は、全体で57%。そのDMからWebメディアにアクセスした経験

がある人は35%だった。男女別で見ると、男性が女性よりも受け取り経験・アクセス経験ともに高かった。年代別では、男女ともに20代が受け取り経験・アクセス経験が最も高い。

◆ WebアクセスDM受け取り経験 ◆　凡例: ある ／ たまにある ／ ない

(%)

		ある	たまにある	ない
	全体(200)	23.5	33.0	43.5
性別	男性(102)	22.5	37.3	40.2
	女性(98)	24.5	28.6	46.9
性年代別	男性20代(16)	37.5	31.3	31.3
	男性30代(30)	26.7	30.0	43.3
	男性40代(25)	12.0	40.0	48.0
	男性50代(31)	19.4	45.2	35.5
	女性20代(21)	23.8	47.6	28.6
	女性30代(25)	24.0	24.0	52.0
	女性40代(32)	28.1	28.1	43.8
	女性50代(20)	20.0	15.0	65.0
未既婚子ども有無別	未婚(108)	25.0	37.0	38.0
	既婚子どもなし(27)	18.5	44.4	37.0
	既婚子どもあり(65)	23.1	21.5	55.4
世帯年収別	H(900万円以上)(47)	27.7	29.8	42.6
	M(500～900万円未満)(62)	22.6	40.3	37.1
	L(500万円未満)(63)	28.6	33.3	38.1

◆ アクセス経験 ◆

(%)

		ある	たまにある	ない
	全体(200)	10.5	24.0	65.5
性別	男性(102)	10.8	27.5	61.8
	女性(98)	10.2	20.4	69.4
性年代別	男性20代(16)	25.0	43.8	31.3
	男性30代(30)	10.0	30.0	60.0
	男性40代(25)	8.0	24.0	68.0
	男性50代(31)	6.5	19.4	74.2
	女性20代(21)	4.8	42.9	52.4
	女性30代(25)	12.0	12.0	76.0
	女性40代(32)	12.5	25.0	62.5
	女性50代(20)	10.0		90.0
未既婚子ども有無別	未婚(108)	12.0	32.4	55.6
	既婚子どもなし(27)	7.4	22.2	70.4
	既婚子どもあり(65)	9.2	10.8	80.0
世帯年収別	H(900万円以上)(47)	12.8	21.3	66.0
	M(500～900万円未満)(62)	11.3	22.6	66.1
	L(500万円未満)(63)	12.7	33.3	54.0

【全体ベース】

過去の入賞作品も検索できる!
全日本DM大賞の公式サイトを活用しよう

全日本DM大賞の公式サイトには、過去の入賞作品のデータベースや、受賞者のインタビューなど応募に役立つさまざまなコンテンツが掲載されています。ぜひご活用ください。

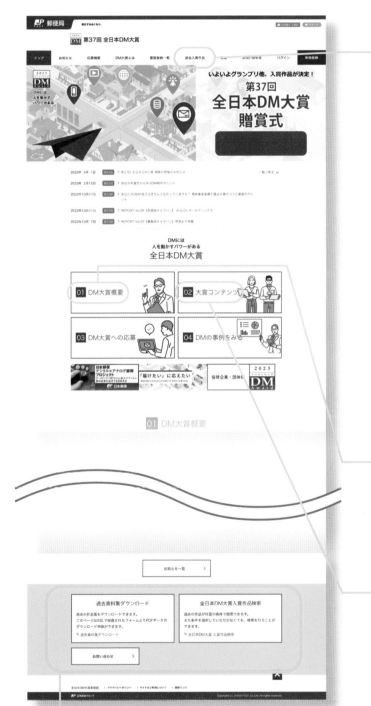

過去入賞作品

第26回以降の入賞作品を写真つきで公開しています。

過去入賞作品

歴代グランプリをはじめ、第26回～第37回の入賞・入選作品を掲載しています。

DM大賞概要

賞の概要のほか、エントリーシートの書き方についての詳細解説など、応募に直接役立つコンテンツが充実しています。

大賞コンテンツ

DM施策に取り組む日本各地の企業を対象に、DMの制作体制や直近のDM事例についてインタビューを行う「事務局キャラバン」企画では、DMの企画制作の現場について知ることができます。

「過去資料集ダウンロード」からは、全日本DM大賞ダイジェストブック（本年鑑のダイジェスト版）がダウンロードできます。「全日本DM大賞入賞作品検索」には第22回（2008年）以降の受賞作品がアーカイブされており、受賞年や賞の種類、業種、DMの目的・形状、広告主名、制作社名などから検索ができます。

Q DM大賞

【事例で学ぶ】
成功するDMの極意
全日本DM大賞年鑑2023

発行日	2023年4月11日　初版
編集	株式会社宣伝会議
編集協力	日本郵便株式会社
発行者	東 彦弥
発行所	株式会社宣伝会議
	〒107-8550
	東京都港区南青山3-11-13
	TEL.03-3475-3010（代表）
	URL　https://www.sendenkaigi.com/
デザイン	松田喬史（Isshiki）・さかがわまな（Isshiki）
執筆協力	椎名昌彦（一般社団法人日本ダイレクトメール協会）
編集協力	西村裕一（日本郵便株式会社）
印刷・製本	モリモト印刷株式会社

ISBN978-4-88335-580-8

うえてから
12週間
くらい

160
㎝
くらい

みが大きくなって
ヒゲが茶色に
なった!

手でみを
しっかりつかみ、
くきの外がわに
たおそう

しゅうかくしよう
▶29ページを見よう

植物の部分の名前

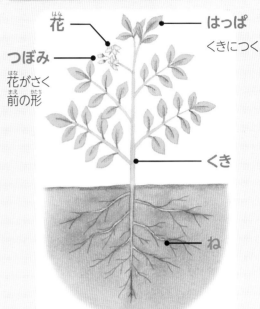

花

はっぱ
くきにつく

つぼみ
花がさく
前の形

くき

ね

花の部分の名前

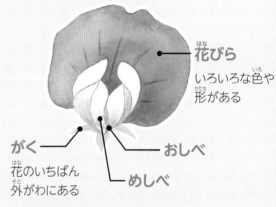

花びら
いろいろな色や
形がある

がく
花のいちばん
外がわにある

おしべ

めしべ

くらべてみよう!

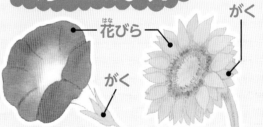

花びら

がく

がく

アサガオの花

ヒマワリの花

6

はたけのじゅんびをしよう

トウモロコシ

はたけの土をたがやして、たねをまくじゅんびをします。たねをまく1〜2週間前におこないます。

※はたけのじゅんびは大人にやってもらおう

80cm

10cm

土にひりょうをまぜておく

はたけでつかうもの

マルチシート
はたけの土にかぶせる大きなポリフィルム（とうめい、白、黒などの種類がある）。たねをまくための、あながあいているものがべんり。

ぼう虫ネット
やさいを虫や鳥からまもるために、かけるあみ目のネット。

かんさつのじゅんびもわすれずに

●かんさつカード
さいしょはメモ用紙にかいてもいいね。

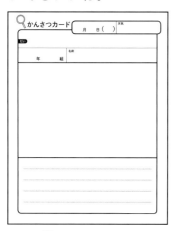

この本のさいごにあるので、コピーしてつかおう。

●ひっきようぐ
絵をかくための色えんぴつも用意しよう。

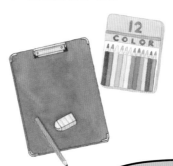

●じょうぎやメジャー
長さや大きさをはかるのにつかう。虫めがねもあるといいね。

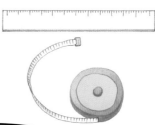

外から帰ったら手あらい、うがいをわすれずに!

この本のつかい方

この本では、エダマメ・トウモロコシのそだて方と、かんさつの方法をしょうかいしています。

●エダマメがそだつまで：そだて方のながれやポイントがひと目でわかるよ。

この本のさいしょ（3ページから6ページ）にある、よこに長いページだよ。

●エダマメをそだてよう：そだて方やかんさつのポイントをくわしく説明しているよ。

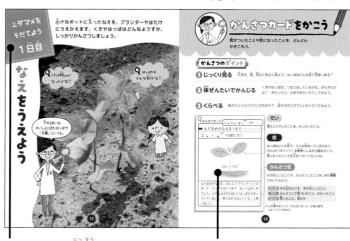

うえてからの日数
だいたいの目やす。天気や気温などで、かわることもあるよ。

かんさつカードをかくときの参考にしよう。

かんさつ名人のページ
やさいをそだてるときに、どこを見ればいいか教えてくれるよ。

やさい名人のページ
やさいをそだてるときのポイントや、しっぱいしないコツを教えてくれるよ。

かんさつポイント
かんさつするときに参考にしよう。

エダマメのしゃしん
なえやくき、はっぱ、花・みのようすを、大きな写真でかくにんしよう。

そだて方の説明

トウモロコシがそだつまで

どんなふうにそだつのかな？　どんなせわをするといいのかな？

スタート！
1日目

うえてから
4〜5週間
くらい

うえてから
9週間
くらい

100
cm
くらい

小さなみが
ついたよ

草の先の
ふさふさの部分が
おばなだよ！

たねはどんな
形かな？

いちばん
上のみを
のこして、
そのほかは
間引こう

1かしょに
3つぶずつ
たねをまこう

50
〜80
cm
くらい

高さが50cmになったころと
おばなが出たころに、
ひりょうをやろう

たねをまこう
⊙26ページを見よう

おばながついた
⊙27ページを見よう

みができた
⊙28ページを見よう

5